日商
プログラミング検定

ENTRY Scratch 3.0

公式ガイドブック

日本商工会議所プログラミング検定研究会編

はじめに（ENTRY）

　AI、IoT など IT 利活用の高度化・多様化により DX（デジタル・トランスフォーメーション）の動きが加速するなか、小学校からの必修化や大学入学共通テストにおける導入をはじめ、プログラミング教育が大きな注目を集めております。企業活動においては、IT 需要の増大により IT 企業の人材不足が深刻化しており、ユーザー企業においても IT スキルを持つ人材がいないことが大きな経営課題となっております。

　こうした状況を踏まえ、日本商工会議所では、情報技術の基盤となるプログラミングスキルの習得を促進・支援するとともに、企業の IT 化支援および IT リテラシー強化に資することを目的として「日商プログラミング検定試験」を施行しています。

　同検定は、基本的なプログラミングスキルの習得を支援するもので、年齢、職業等を問わず幅広く多くの方々に学習・受験いただける試験としており、学習の進捗度に応じて初学者から段階的に受験できるよう 4 つのレベルを設定しております。このうち ENTRY レベルは、初学者向けに、ビジュアル言語「Scratch」による簡単なプログラミングおよびプログラミング的思考を問う内容となっております。

　本書は同検定「ENTRY」の受験に際し、身につけていただきたい知識・スキルを提示・解説し、効率的に学習を進めていただく一助となるよう作成した公式ガイドブックです。

　本書を検定試験合格への「道標」としてご活用いただくとともに、習得した知識やスキルを活かして、実社会においてますますご活躍されることを願ってやみません。

2024 年 4 月
日本商工会議所

日商プログラミング検定について

　日商プログラミング検定とは、日本商工会議所・各地商工会議所が主催するプログラミングに関する検定で、IT人材の育成に資するため、プログラミングに関する基本知識・スキルを体系的に習得する機会や学習支援の仕組みを提供するとともに、習得レベルを測定・認定する、新たな検定試験・認定制度です。

　試験概要、各レベルの試験内容は次のとおりです。

試験概要

受験資格	制限なし
試験方式	インターネットを介して試験の実施、採点、合否判定を行うネット試験
試験日	試験会場で随時受験が可能（試験会場が日時を指定）
申込方法	受験を希望するネット試験会場へ直接申し込み https://links.kentei.ne.jp/organization/
受験料（税別）	ENTRY　3,000円　　BASIC　4,000円　　STANDARD　5,000円 EXPERT　6,000円

試験内容

	ENTRY（エントリー）	BASIC(ベーシック)	STANDARD(スタンダード)	EXPERT（エキスパート）
出題形式 試験時間	択一知識問題 30分	択一知識問題 40分	択一知識問題 30分 プログラミング実技 30分	択一知識問題 40分 プログラミング実技 40分
合格基準	70点以上	70点以上	知識科目　70点以上 実技科目　3問完答	知識科目　70点以上 実技科目　3問完答
言語	Scratch (Scratch3.0に対応)	言語によらない	Java、C言語、VBA Python	Java、C言語、VBA Python

ENTRYの試験範囲・学習項目

　ENTRY試験は、いずれも択一問題で、第1問:10問、第2問:5問、第3問:15問で構成されます。試験範囲・学習項目は以下の通りです。

ENTRY	
1. 値 2. 変数 3. 条件分岐 4. 繰り返し 5. 配列 6. ブロックの定義 7. 並列処理	8. メッセージング 9. クローン 10. ペン機能（コンピュータグラフィックス） 11. サウンド機能 12. 開発環境（IDE）の使い方 13. ネットリテラシー、モラル

＜試験問題サンプル画面＞

★第1問：：Scratch の基本知識に関する問題

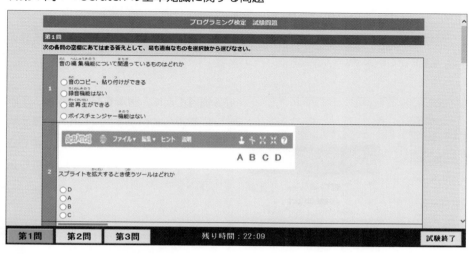

★第2問：ネットリテラシーに関する問題

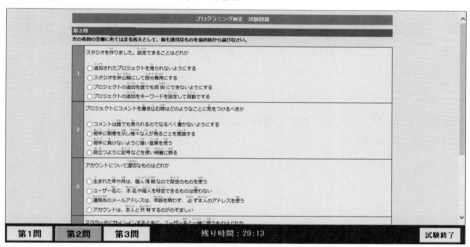

★第3問：プログラミング（文法・アルゴリズム）に関する問題

▌本書の使い方

本書は、日商プログラミング検定 ENTRY の対策教材です。

日商プログラミング検定 ENTRY で問われる、プログラミングに関する IT の基本知識、簡単なアルゴリズムについて、解説しています。

項目ごとに、図解を交えながら、丁寧に解説しています。Scratch の基本的な使い方からプログラムの流れまできちんとおさえておくようにしましょう。

練習問題

章末には、「練習問題」がついています。学んだ内容がきちんと定着しているか、確認してみましょう。

第 8 章には、本試験タイプのサンプル問題を掲載しています。学習の総仕上げに解いてみましょう。

★読者サポート

日商プログラミング検定では、下記の公式ページにおいて、サンプル問題や、受験方法（試験会場の検索）など、試験全般に役立つ情報を掲載しておりますので、ぜひ、参考にしてください。

https://www.kentei.ne.jp/pg

Contents

第 1 章　Scratch サイトの使い方

第 2 章　アカウントの使い方

第 3 章　コスチュームと音

第 4 章　座標と向き

第 5 章　変数とリスト

Scratchサイトの使い方

Scratch は Web ブラウザから公式サイトにアクセスして使用します。ここでは画面構成や用語について説明していきます。

 ## Scratch とは

Scratch は、アメリカの Scratch 財団が設計、開発、運営しているビジュアルプログラミングツールです。中心人物の一人であるミッチェル・レズニックの運営する研究グループ、MIT メディアラボの LifeLong Kindergarten は、「人生ずっと幼稚園」のように訳すのが良いでしょうか。この名前は、Scratch によってもたらされる学びが決して子どもたちだけのものではないことを暗示しているように思えます。

コンピュータが発明されて以来、初期段階から子どもたち向けのプログラミング教育を行ってきた人の一人に、数学者のシーモア・パパートがいます。パパートは、「子どもはものを作ることを通して学ぶ」という考え方（構築主義）のもと、LOGO という子供向けの言語を開発してプログラミング教育に取り入れました。LOGO は 2 次元座標の概念がなくてもキャラクターを動かせる「タートルグラフィックス」を採用するなど、先進的な言語でした。

パパートの薫陶を受けた一人にアラン・ケイがいます。アラン・ケイは現代のコンピュータの GUI（グラフィカル・ユーザー・インターフェース。マウスなどを使ってパソコンを操作するやり方）に大きな影響を与えたことで有名なコンピュータ科学者です。彼も Squeak という教育向けのプログラミング言語を発案しています。Squeak は、SmallTalk という、自分自身の書き換えも行えるような非常に柔軟なプログラミング言語が元になっています。

Scratch は、LOGO や SmallTalk の影響を受けて、ミッチェル・レズニックによって開発されました。タートルグラフィックスやメッセージ（第 6 章参照）など、先達の影響を色濃く受けていますが、操作面がかなり強化されて子どもたちが親しみやすくなっています。

■ トップ画面

https://scratch.mit.edu にアクセスすると次のような画面になります。

　中央には注目の**プロジェクト**や**スタジオ**が表示されます。プロジェクトとは Scratch で作られた作品のことです。スタジオは、ユーザが複数のプロジェクトを一箇所にまとめたものです。

　まずは Scratch で作られた他の人のプロジェクトに触れて Scratch の魅力を知り、楽しみながら作成に取り組んでほしいという考え方が表れています。

 なぜ Scratch では作品のことをプロジェクトと呼ぶのか

　Scratch はアメリカ MIT の研究グループ Lifelong Kindergarten によって開発・運営されています。Scratch チームを主導するミッチェル・レズニック氏は、子どもたちが Scratch 上で Projects（プロジェクト）、Passion（情熱）、Peers（仲間）、Play（遊び）を経験することで成長すると考えています。「プロジェクト」という言葉には、子どもたちが主体的かつ継続的に取り組むもの、また複数人で作るもの、というような考え方が含まれています。

■ プロジェクト画面の説明

「注目のプロジェクト」からクリックしたり、また上部の検索バーから検索してプロジェクトを開くと次のような画面になります。

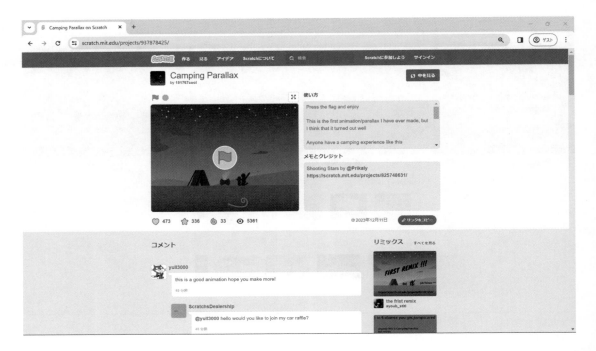

ここでは、緑の旗をクリックしてプログラムを動かしたり、中を見るボタンからプログラムの中身を見ることができます。

■ 言語の設定

Scratch のサイトを見るときの言語の設定は、ページ下部から行います。日本語については、漢字を使用する「日本語」と、低学年向けのひらがなを主に使う「にほんご」の2つから選択できます。

■ エディター画面（作る画面）

トップページの上部のメニューから「作る」をクリックするとエディター画面に移動します。
https://scratch.mit.edu/projects/editor

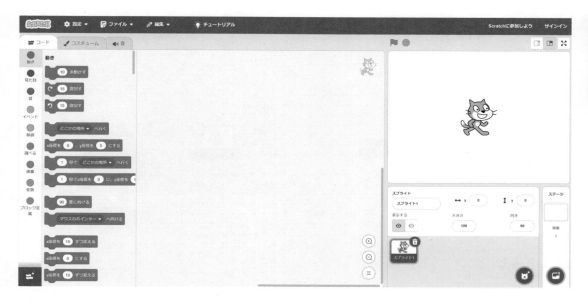

■ スプライト

　右側にネコ（スクラッチキャット）が表示されています。このようなキャラクターのことを Scratch では**スプライト**と呼びます。スプライトは、下のパネルで大きさや位置を操作できます。また、追加や削除もここからできます。

■ スプライトの切り替え

　Scratch のプログラムはスプライトごとに書きます。右下のスプライトリストからスプライトを切り替えると左側のブロックパレットやスクリプトエリアの中身も切り替わります。

　どのスプライトのプログラムを編集しているかはスクリプトエリアの右上に表示されているコスチューム画像で判別できます。

＜スプライト 1 を選択しているとき＞

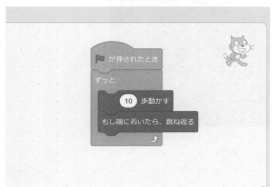

＜ Gobo を選択しているとき＞

■ ステージ

　右上のネコのいる白い画面が**ステージ**と呼ばれる領域です。Scratch のプログラムはここで動きます。他の人に自分のプロジェクトを見せるときは全画面表示ボタンをクリックしてステージを拡大した状態にすると良いでしょう。全画面表示にするとスプライトをマウスでドラッグして動かすことはできません。

＜全画面表示の図＞

全画面表示のときにスプライトをドラッグ移動するには？

　全画面表示にしたときはスプライトをマウスでドラッグすることができません。ドラッグできるようにするには「ドラッグできるようにする」ブロックを使います。

　通常、プログラムはスプライトごとに書きますが、ステージにもプログラムを書くことができます。プロジェクト全体で共有するような、特定のスプライトに関係しないプログラムはステージに書くことが多いです。ステージをクリックすると、スクリプトエリアとブロックパレットが切り替わります。ステージは動かないので「動き」カテゴリーのブロックは使用できません。

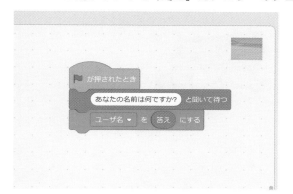 

 ステージにはどんなコードを書くの？

　たとえば迷路ゲームを作っていて、30秒以内にゴールしなければならないルールだとします。下記はスタートしてから30秒後にすべてのスクリプトを止めるプログラムになります。このコードはどのスプライトとも独立しているのでステージに置くとあとからわかりやすくなります。

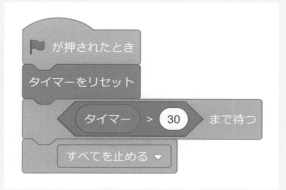

■ スクリプトエリア

スプライトごとのプログラムをブロックで作るのがスクリプトエリアです。ブロックパレットから
コードブロックをドラッグしてきて組み合わせます。なにもないところで右クリックしてコードをき
れいに整列させることもできます。スクリプトエリアはコードエリアとも呼ばれます。

コードが増えてきて見にくくなったときは右下の虫眼鏡アイコンで拡大・縮小してブロックの大き
さを調整します。「＝」のアイコンで元の大きさに戻すこともできます。

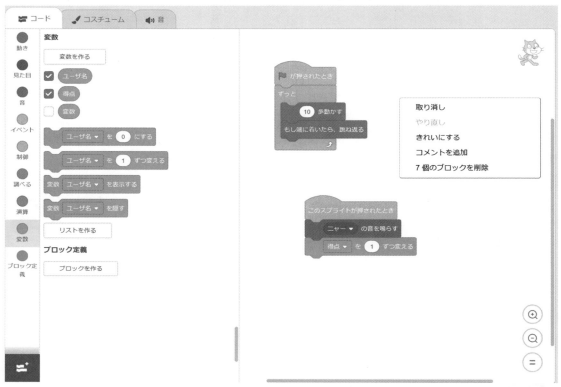

 プログラム？　スクリプト？　コード？

Scratch では、プログラムのことを**スクリプト**と呼びます。他にもプログラムは**コー
ド**と呼ばれることもあります。どれも同じ意味ですが、Scratch では「ステージ」や「コ
スチューム」のように、演劇になぞらえた言い方をよくするので、「スクリプト」（台本）
も納得がいきますね。

■ ブロックパレット

Scratch のプログラミングで使用できるコードブロックの一覧が表示されます。「動き」や「イベ
ント」などのカテゴリー（種類）ごとに整理されているので、使いたいコードブロックのカテゴリー
をクリックしてブロックを探します。

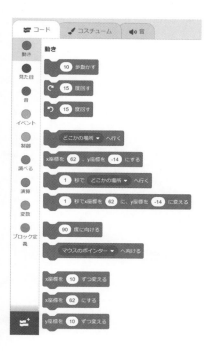

スプライトのプログラムを書くときとステージのプログラムを書くときでブロックパレットに表示されるコードブロックは変化します。たとえば、ステージは動かないので「動き」カテゴリにブロックは表示されません。

■ バックパック

画面一番下に「バックパック」があります。クリックするとスペースが広がり、スクリプトエリアからプログラムをドラッグして格納できます。

バックパックに収納したプログラムは、他のプロジェクトに持っていくことができます。ひとつのプロジェクトで作ったコードを他のプロジェクトで使いまわしたいときに便利です。

なお、バックパックは Scratch サイトにサインインしている状態でないと表示されません。

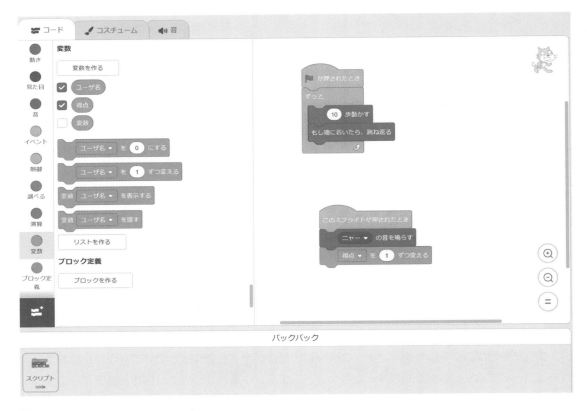

■ コスチュームと音の編集画面

　スクリプトエリアのタブを「コスチューム」と「音」に切り替えることによって、それぞれコスチュームと音の編集画面に切り替えることができます。これらもコードと同じようにスプライトまたはステージに紐づいていますので注意してください。

＜コスチュームの編集画面＞

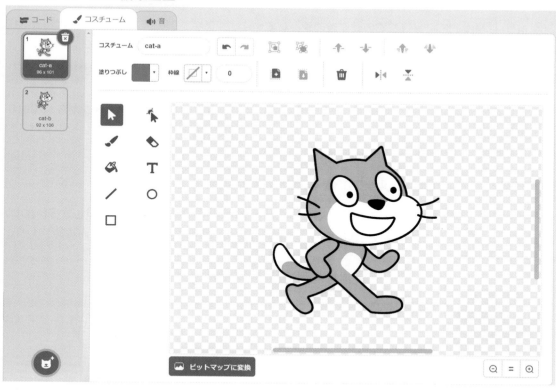

＜音の編集画面＞

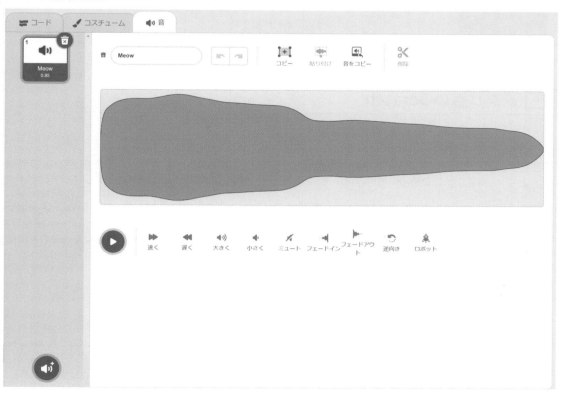

■ 環境による違い

　Scratch は基本的にパソコンでの動作を対象としていますが、特定の機種・デバイスでは特殊な操作が必要な場合があります。

■ Mac や Chromebook など右クリックボタンがない場合

　Mac や Chromebook をタッチパッドで操作しているときなど、右クリックボタンがない場合があります。このような場合は、タッチパッドの設定にもよりますが、二本の指で同時にタッチパッドにタッチすることで右クリックになります。

■ タブレットなど画面をタップできるデバイスの場合

　iPad などの、画面を指でさわって操作できるデバイスの場合、右クリックは長押しで行います。また、コードブロックに数字を入力する場合、数字部分をタップすると専用のパネルから数を入力することができます。

アプリ版の Scratch

　インターネット接続がない環境で Scratch を使いたいときは、アプリ版の Scratch を使うことができます。アプリ版はスプライトや音が最初から含まれているので、インターネット接続がない環境でも使うことができます。

　アプリ版の Scratch は、Scratch サイトの下部の「リソース」→「ダウンロード」からダウンロードし、パソコンにインストールしてから使います。

練習問題

1-1

Scratch を開発した人は誰ですか？

1-2

Scratch のプログラムで動作させるキャラクターのことをなんと呼びますか？

1-3

バックパックはどんなときに使うものですか？

第 2 章

アカウントの使い方

Scratch は、公式サイト（https://scratch.mit.edu）にアクセスして Web 上でプログラミングをします。このとき公式サイトのアカウントがあると便利です。たとえばクラウドにプロジェクトを保存できたり、共有されている作品にコメントができたり、他の人と交流できたりします。Scratch のアカウント登録者数は現在 1 億人以上います（https://scratch.mit.edu/statistics/）。

 ## アカウントの登録方法

Scratch のトップページから「Scratch に参加しよう」をクリックします。このとき、以下の情報が必須になります。
・ユーザー名
・パスワード
・メールアドレス

ユーザー名には、本名を使ってはいけません。ユーザー名は Web 上に公開されて誰でも見られるものですから、ユーザー名に本名を使うことは世界に向けて自分の名前を公開することに等しくなります。ユーザー名以外の情報は Web 上に公開されることはありません。

　なお、16 歳未満の方の場合、保護者のメールアドレスを入力してもらってください。

　また、登録中に国名や年齢などの入力を求められますが、性別は選ばなくても進められます。

■ アカウントを登録しない使い方

　アカウントを登録しなくても Scratch を使うことはできますが、サーバに自動保存されないので自分でプロジェクトをパソコンに保存する必要があることに注意してください。

■ プロジェクトの保存方法

　「ファイル」メニューから「コンピューターに保存する」を実行します。保存場所を聞かれるのでコンピュータの好きな場所に保存してください。.sb3 という拡張子がついたファイルが保存されます。.sb3 ファイルは Scratch のサイト、Scaratch アプリ以外で開くことはできません。

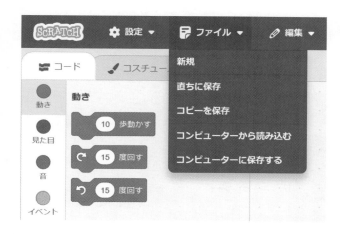

.sb3 の正体

　.sb3 は、Scratch3 のファイルであることを示しています。実はこのファイルは、プログラムや画像などが zip 形式で圧縮されたファイルですので、解凍ソフトを使うと中身を展開することができます。お使いのパソコンが Windows であれば、.sb3 という拡張子を .zip に変更してダブルクリックすると中身を見ることができます。

■ プロジェクトの読み込み方法

　「ファイル」メニューから「コンピューターから読み込む」を実行します。そのとき、どの .sb3 ファイルを読み込むか聞かれるので保存したファイルを選んでください。

　コンピュータに保存した .sb3 ファイルを読み込むことができます。通常コンピュータに保存されたファイルはダブルクリックなどで開くことができますが、Scratch は Web ブラウザ上で動作するためダブルクリックでは開かないことに注意してください。

 プロジェクトの共有

　プロジェクトの「共有」を行うと世界に公開され、誰でも見られるようになります。共有したプロジェクトは以下のような URL になりますので、他の人に教えるときはこの URL を伝えてください。最後の番号がプロジェクトの番号になります。

https://scratch.mit.edu/projects/0123456789

　この URL の場合は 0123456789 がプロジェクトの番号です。

共有のしかた

　共有を行うには、エディター画面から「共有する」をクリックします。
　このとき、「使い方」と「メモとクレジット」を記入するようにしましょう。

　「使い方」にはどういう風に操作するかなどを書きましょう。とくにキー操作をする場合はどのキーで動くかを書いてください。「メモとクレジット」には、参考にした作品やリミックス元があったらぜひ感謝などを書きましょう。

著作権に注意！

　Scratch のプロジェクトには Web 上にある画像を使用することもできますが、とくに共有するときはどういう画像を使用しているのかに気をつける必要があります。Scratch プロジェクトを共有したとき、そこに含まれる画像などは、「誰でも自由に使って良いもの」（実際には CC BY-SA 2.0）というライセンスになります。そのため、元の Web の画像がたとえば商用利用を禁止していたらそれに反してしまうことになります。元画像のライセンスに注意しましょう。

CC BY-SA 2.0 とは？

CC はクリエイティブ・コモンズの略です。クリエイティブ・コモンズとは、著作者が自分の著作物のライセンスを表記する仕組みです。CC のあとの部分はクリエイティブ・コモンズによって決められた著作権の種類の表記になります。

BY とは、原作者の名前・作品のタイトルを表示しなければならないという意味です。SA は、営利目的での利用も許可されていることを示します。2.0 はバージョン番号です。

クリエイティブ・コモンズには BY-SA 以外にいろいろなライセンスの形があります。また、クリエイティブ・コモンズ以外では MIT や GPL などさまざまな仕組みがあります。ネット上のプログラムだけでなく、画像や音楽など、誰かが作ったものを見るときには、その作品がどんなライセンスでネットに公開されているかを注意するようにしてください。

リミックス

リミックスとは、他の人が公開した作品を編集して新しい作品を作る機能のことです。気に入った作品があったら改良を加えたり見かけを変えたりしてみましょう。ゼロから自分の作品を作るのも Scratch の上達には欠かせませんが、他人の作品を改造するのも上達に役立ちます。コードの書き方だけでなく、コードの読み方も覚えるからです。

■ リミックスの注意点

リミックスしたものをあたかも自分が作ったもののように人に伝えるのはよくありません。共有時に、元のプロジェクトを作った人への感謝や改変した箇所などを「メモとクレジット」に書いておくと良いでしょう。

スタジオ

Scratch のスタジオとは、プロジェクトを集めておく場所のようなものです。

「2024 年クリスマス作品」のように、同じ種類のプロジェクトを集めるのに使います。自分で集めるだけでなく、他のユーザを「キュレーター」に指定してその人に作品を集めてもらうこともできます。

スタジオの「キュレーター」と「マネージャー」

スタジオには「キュレーター」以外にも「マネージャー」という役割があります。どちらもスタジオに作品の追加や削除ができますが、マネージャーはキュレーターを任命することができるので、マネージャーのほうが上の役割になります。

Scratch のコミュニティ

　Scratch サイトでは、他の人とメッセージのやり取りをしたり交流することができます。世界中の人達とコミュニケーションを取ることができます。たとえば、プロジェクトにコメントしたり、スタジオにコメントしたりして交流できます。

Scratch のメッセージ機能を利用するときの注意点

　Scratch サイトにメッセージを書き込む前に、一度コミュニティーガイドラインを読むと良いでしょう。

https://scratch.mit.edu/community_guidelines

Scratchコミュニティーのガイドライン

Scratchは、あらゆる人を歓迎する友好的なコミュニティー(共同体)です。ここでは、みんな一緒に創造し、共有し、学ぶことができます。**私たちは、何歳であっても、どんな人種、民族であっても、能力に違いがあっても、どんな宗教を信じていても、どんな性的指向、性同一性を持っていても、すべての人々を歓迎します。** Scratchを、心地よく、協力的で、創造的な場所として続けるために、以下のコミュニティーガイドラインを守りましょう:

誰にでも敬意を持って接すること。
Scratcher(Scratchコミュニティーに参加する人)は、多様な背景や興味、アイデンティティー(独自性)、経験を持っています。Scratchに参加することで、わくわくすることや、大切なことを、みんなと共有することができます。そして、あなたが自己表現の方法を見つけると共に、他の人がそうすることを認めることも期待しています。個人やグループのアイデンティティーを攻撃したり、その背景や興味について意地悪な態度をとったりすることは決して許されません。

安全を保つこと: 個人情報や連絡先を公開しないでください。
安全上の理由から、個人的な連絡に使うことのできる情報を直接伝えたり、ネットに書かないでください。これには、姓、電話番号、住所、出身地、学校名、メール アドレス、他のサービスのユーザー名、SNSサイト、ビデオ チャットアプリ、チャット機能のあるWebサイトへのリンクを載せることが含まれます。

　他の方に敬意を持って丁寧に接することはもちろんですが、自分の安全を守るために、個人情報や連絡先を公開しないことも十分こころがけてください。また、もしガイドラインに反する作品やコメントを見かけたら、報告のボタンを使って運営者に通報する仕組みも利用してください。

練習問題

2-1

Scratch のアカウントを登録するときに注意することを答えてください。

2-2

Scratch（3.0）のプロジェクトをパソコンにファイルで保存すると拡張子は何になりますか？

2-3

Scratch で他の人が作った作品をもとに変更を加えて新しく作品を作ることをなんと呼びますか？

第 3 章

コスチュームと音

　Scratch のスプライトの見かけをコスチュームと呼びます。コスチュームの画像を編集することでスプライトの見た目を変えることができます。また、スプライトには音を設定してプログラムから鳴らすことができます。

　コスチュームも音も、ひとつのスプライトに複数作ることができます。とくにコスチュームを複数使って画像を切り替えることでアニメーションを実現することができます。

コスチューム

コスチュームを変える

　コスチュームをプログラムから変えるには、「コスチュームを〜にする」ブロックを使います。

> コスチュームを　コスチューム1 ▼　にする

　他のスプライトのコスチュームを操作したいときには、メッセージを使うと良いでしょう。第6章「イベントと制御」の「メッセージ」を参照してください。

「次のコスチュームにする」ブロックと繰り返し

　「次のコスチュームにする」ブロックを使うと今のコスチュームの次のコスチュームに切り替えることができます。「ずっと」に入れて使うとコスチュームがどんどん入れ替わって繰り返されます。最後のコスチュームまで行くと最初のコスチュームに戻るからです。これを使うとアニメーションが簡単に実現できます。

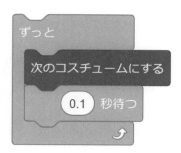

コスチュームと変数

「コスチュームを〜にする」の〜の部分には変数を入れることができます（変数は第5章で学習します）。これを使うと、コスチュームを自由自在に操作することができます。

変数「コスチューム番号」が1のときは1番目のコスチュームが呼び出され、「コスチューム番号」が2のときは2番目のコスチュームが呼び出されるようになります。

この例ではコスチューム「番号」を変数にしましたが、コスチューム「名」を変数にしてもコスチュームを変更することができます。

　このように直接コスチュームを変数で操作すると、たとえばゲームのスコアをコスチュームで表現することができるようになります。

■ コスチュームの大きさを変える

　コスチュームの大きさを変えるには、次の2つのブロックを使います。

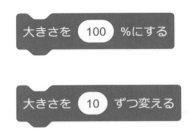

　コスチュームの大きさは元の大きさに対してのパーセンテージで表されます。100%が元の大きさです。

　たとえばコスチュームを半分の大きさにしたいときは「50%」を指定します。

　また、コスチュームの大きさを徐々に変えるにはこのようにします。以下のブロックでは、毎回10%ずつ増えて10回繰り返すので、大きさは100%増えて2倍になります（10%増えてまたその10%増えるという計算ではないことに注意してください。元の大きさの10%ずつ増え続けます）。

変数「大きさ」

コスチュームの現在の大きさは変数「大きさ」で読み取ることができるので、この2つのブロックは同じ意味になります。

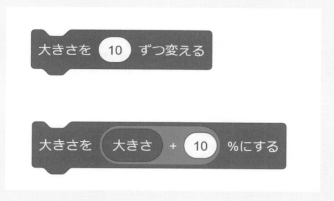

■ コスチュームの画像効果を変える

コスチュームの画像効果を変えるには次の2つのブロックを使います。

これらのブロックについても、すぐに画像効果を変更したい場合は「〜にする」を使い、繰り返しを使って徐々に変化させたいときは「〜ずつ変える」を使うのが良いでしょう。

画像効果には「色」、「魚眼レンズ」、「渦巻き」、「ピクセル化」、「モザイク」、「明るさ」、「幽霊」があります。その中でも「色」と「幽霊」はとくによく使われます。色は0から数を増やすと変化していき、200でもとに戻ります。また、幽霊は0から増やしていくとどんどん色が透けていき、100で透明になります。

画像効果をなくして元の画像に戻すときは「画像効果をなくす」ブロックを使います。

■「表示する」ブロックと「隠す」ブロック

スプライトを隠したり表示するのはとてもよく使用されます。たとえば、場面で登場人物が変わるような物語を作る場合、背景によってキャラクターのスプライトを隠したり表示したりすることで登場人物を変更できます。

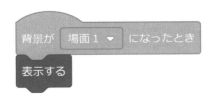 

「隠す」と「幽霊」の画像効果

幽霊の画像効果を使うと、ぼやっと隠したり表示させたりすることができます。たとえば以下のコードでは、場面1になったときにすうっと消えるように見せることができます。

■ スプライトの重なりの調整

スプライト同士が重なった場合、「層」が手前のものは前に表示され、後ろのものは後ろに表示されます。この「層」はこれら2つのブロックで操作します。

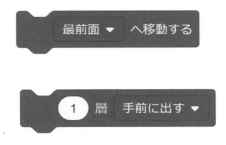

マウスでスプライトをドラッグするとスプライトは自動的に最前面に移動するので、ドラッグして最前面に出て困るような場合は自動的に後ろに移動するプログラムを書いておくと良いでしょう。

■ 背景の変更

　ステージからだけでなく、スプライトから背景を変更することができます。背景を変えるには次の2つのブロックを用います。

　次のブロックを使うと、背景をランダムで選ぶこともできます。

> **ステージから背景を変更する**
>
> 　ステージから背景を変更する場合は、上の2つのブロックに加えて「背景を〜にして待つ」が使用できます。
>
> 　このブロックを使うと、「メッセージを送って待つ」と似たような動作をします。
> たとえば、背景とスプライトに次のようなコードが書かれていた場合、

<ステージ>

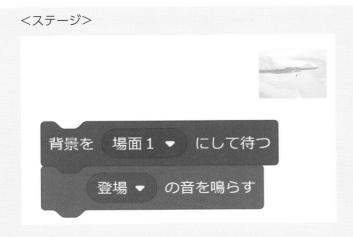

<スプライト>

　場面1に切り替えると、ネコが動いたあとに音がなります。つまり、「背景を～にして待つ」は、背景が切り替わったときの他のスプライトの処理が終わるまで待つ、という意味です。

■ ベクターとビットマップ

　コンピュータで画像を表現するやり方には主にベクターとビットマップの2種類があります。ベクターは画像を線や丸などの図形で描くものです。ビットマップは点の集まりで画像を構成するやり方です。

　Scratchはベクターとビットマップどちらにも対応していますので、それぞれに応じて画像の描き方を変える必要があります。

　また、Scratchで最初から読み込めるスプライトにはベクターのものとビットマップのものがあります。たとえば、新規作成したプロジェクトに最初から含まれている「Scratchキャット」はベクターなので顔や尻尾を分離したりできます。Scratchキャット以外もほとんどはベクターですが、一部「Squirrel」（リス）のようにビットマップのスプライトもあります。

＜ Scratch キャットのコスチューム＞

＜ Squirrel（リス）のコスチューム＞

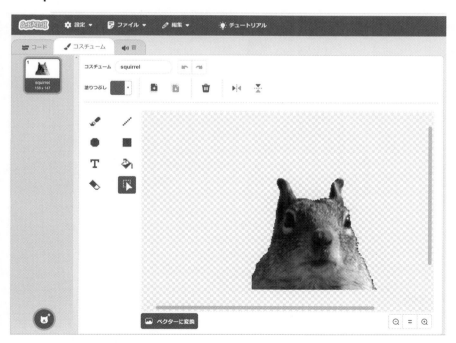

■ ベクターの特徴

　ベクターは拡大・縮小しても絵が崩れないという特徴があるので、たいていの場合はベクターでスプライトの絵を作るのが良いでしょう。イラストのような輪郭のはっきりした画像にはとくに向いて

います。あとから線を太くしたり部分的に色を変えたり、画像を編集しやすいのもベクターの特徴です。

インターネット上で探せる画像でも、svg という拡張子のついた画像は Scratch にベクターとして読み込むことができます。

■ ビットマップの特徴

インターネット上で探せる画像はたいていがビットマップ画像です。拡張子が jpeg（jpg）やpng、gif、bmp などのファイルはビットマップ画像です。また、スマホやデジカメで撮った写真はすべてビットマップとして保存されます。

ネットの画像を使う場合や輪郭のはっきりしない画像はビットマップで作ることになります。

ビットマップはベクターのように部品に分かれていないので編集後、元に戻すことが難しくなっています。

■ ベクターの編集方法

ベクターは部品単位で編集します。例として円を描いてみます。

左側のツールから「円」を選択して、マウスで円を描きます。

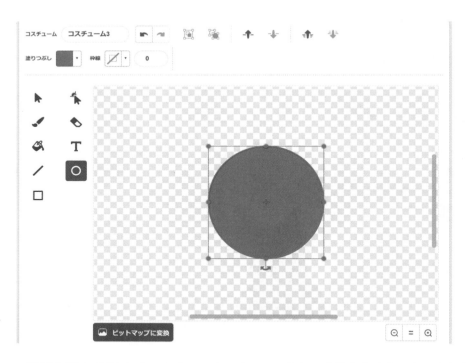

四隅と辺の「点」になったところをマウスでつかんで上下左右方向に大きさを変えることができます。回転もできます。

左側のツールから「形を変える」を選択すると、今度は形を自由自在に変えることができます。

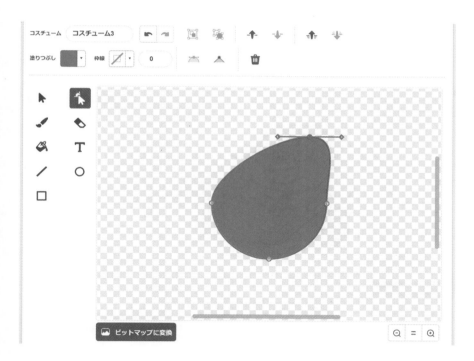

　これ以外にも、塗りつぶしや枠線の色・太さを変えたり、部品と部品の重なりを調整することなどができます。

コスチューム画像の追加

　コスチューム画像は Scratch にたくさん用意されているものを追加することもできます。また、パソコンのファイルの読み込みにも対応しています。「読み込み」を使ってネットからダウンロードした画像などを読み込んでコスチュームに使うことができます。さらに、「書き込み」を使ってコスチューム画像をファイルに書き出し、専門の画像編集ソフトで編集することができます。

　左下のボタンからコスチュームを追加できます。

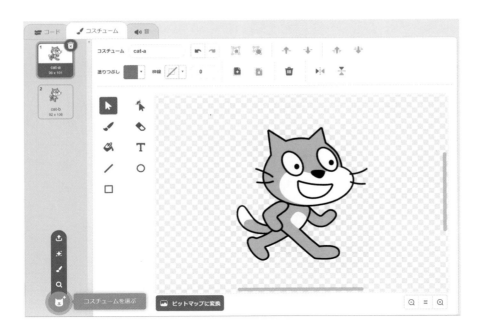

■ コスチューム画像のファイルからの読み込み

コスチューム画面の下部から「コスチュームをアップロード」を実行します。jpg や png、svg などの画像ファイルを読み込めます。

■ コスチューム画像の書き出し

　コスチュームのアイコンを右クリックして「書き出し」でパソコンにコスチュームのデータを保存できます。

　ベクターのコスチューム画像を書き出すと svg ファイルになります。また、ビットマップのコスチューム画像を書き出すと png ファイルになります。

音

　Scratch では、音はスプライトに属しています。スプライトごとに音を追加して使いましょう。スプライトによってはもともと音が付属しているものがあります。たとえば Scratch キャットにはネコの鳴き声の音声が付属しています。楽器のスプライトにも楽器の種類に応じた音声が付属しています。

　また、ステージにも音を追加して使用することができます。

■ 「終わるまで〜の音を鳴らす」ブロック

　音を鳴らすために使うブロックには「〜の音を鳴らす」と「終わるまで〜の音を鳴らす」の 2 つがあります。

これらの違いは、下にブロックを連結してみるとわかります。

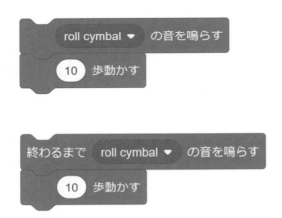

「〜の音を鳴らす」のほうは、音が鳴るとすぐ次のブロックが動作しますが、「終わるまで〜の音を鳴らす」のほうは音が鳴り終わってから次のブロックが動作します。

■ 「すべての音を止める」ブロック

ゲームの終了時など、長い曲でも即座に終わらせたいときは「すべての音を止める」ブロックを用います。

■ 音量を変える

再生される音の大きさを変えるには、次の 2 つのブロックを使います。

音量は 100% が通常の大きさで、それ以上にはできません。

 「音」の「音量」と「調べる」の「音量」の違い

　Scratch のブロックを注意深く見ると、「音量」のブロックが 2 つあることに気づきます。ひとつは「音」の種類にある「音量」ブロックです。

　もうひとつは「調べる」の種類にある「音量」ブロックです。

＜音の「音量」＞

＜調べるの「音量」＞

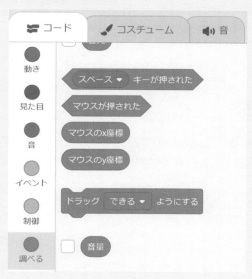

これらはまったく別のものの音量を示していますので注意してください。「音」の「音量」のほうは、スプライトが鳴らす「ニャー」などの音のボリュームのことです。もう片方の「調べる」の「音量」のほうは、マイクからユーザが入力した音のボリュームになります。

■ 音の効果を変える

音の効果を変えるには次の2つのブロックを用います。

音の効果とは、「ピッチ」と「パン」の2つです。ピッチとは、音の高さのことです。数が大きいほど高くなります。パンとは、ステレオスピーカーの場合、音が左右どちらに片寄っているかを指します。パンが0の場合中央となり、左右から均等に音が出ます。-100で最も左寄りになり、数が増えて行って100になると最も右寄りになります。

これらのブロックについても、すぐ音の効果を変更したい場合は「〜にする」を使い、繰り返しを使って徐々に変化させたいときは「〜ずつ変える」を使うのが良いでしょう。

音の効果をなくすには「音の効果をなくす」ブロックを使用します。

■ 音の追加－用意されている音をつかう

スプライトの音はScratchにあらかじめ用意されているものを追加することもできますし、自分で録音したり画像と同じようにファイルから読み込むことも可能です。

左下のボタンから音を追加します。

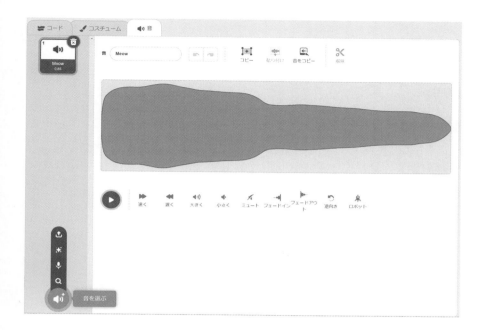

音の追加－音を録音する

　自分でパソコンのマイクを使って音を録音することもできます。自分の声を録音した作品を共有する場合、画像などと同じように誰にでもその音声を使われる可能性があることに注意しましょう。

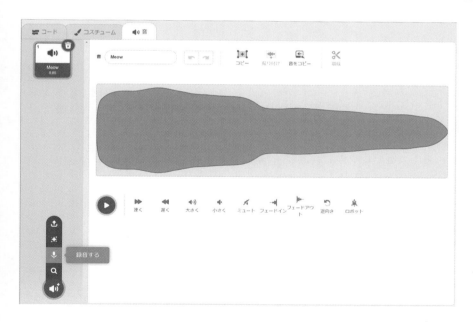

音を編集する

　音は、Scratch 上である程度編集することができます。範囲をマウスで選択して、音量の大小やフェードインなどのいろいろな効果を付与することができます。

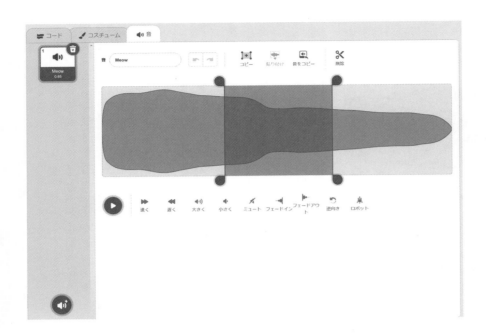

3-1

次のブロックを使ってコスチュームの大きさを元のサイズの倍にしたいとき、数字をいくつにすればよいですか？

3-2

Scratch のコスチュームをベクターで作ることの利点を答えてください。

3-3

次のコードを実行するとどうなりますか？

第 4 章

座標と向き

　スプライトの位置を変えるにはスプライトの「座標」を指定するやり方と、スプライトの「向き」に動かすやり方の二通りがあります。

　まずは、座標を指定するやり方からみていきましょう。

座標を指定してスプライトを動かす

■ 座標とは

　スプライトのステージの上の位置は、「座標」で決まります。座標は、画面上の位置を横方向（x 座標）と縦方向（y 座標）の 2 つで表すものです。

■ x 座標と y 座標

　ステージの真ん中を 0 として、右に行くと x 座標が大きくなります。右の端は 240 です。逆に左に行くと x 座標はマイナスになります。左の端は -240 です。同じように、上に行くと y 座標が大きくなります。上の端は 180 です。下にいくと y 座標はマイナスになります。下の端は -180 です。

　そのため、ステージは横幅が 480、縦幅が 360 になります。

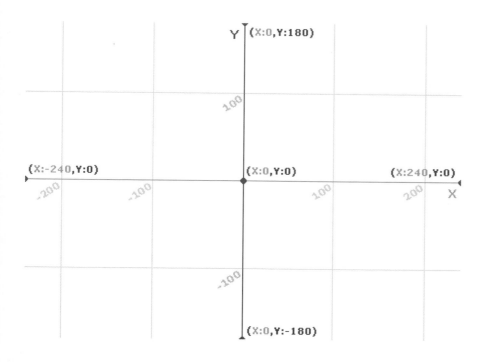

■ 座標を指定する

座標を指定するには次の2種類のブロックがあります。

<「x座標を〜にする」・「y座標を〜にする」ブロック>

x座標を (0) にする

y座標を (0) にする

x座標を (0) 、y座標を (0) にする

　このブロックを使うと、スプライトをx座標またはy座標の決められた位置に移動させることができます。「x座標を〜に、y座標を〜にする」を使うとx座標とy座標を同時に指定することができます。

<「x 座標を〜ずつ変える」・「y 座標を〜ずつ変える」ブロック>

　このブロックを使うと、スプライトの x 座標または y 座標を今の座標から変えることができます。たとえば、「x 座標を 10 ずつ変える」を実行すると、現在の x 座標が 200 だった場合、それが +10 されて 210 になります。このブロックを繰り返し呼び出すことでアニメーションにすることができます。

　このコードを実行すると 10 × 20 で 200 右に動きます。

■ 座標を取得する

　座標は、もともと用意されている変数で取得することができます。

<「x 座標」・「y 座標」ブロック>

　これらのブロックを使うと、現在の x 座標、y 座標を変数のようにコードの中で使うことができます。たとえば、下記コードは「x 座標を 10 ずつ変える」と同じ意味になります。

 他のスプライトの座標
　スプライトのコードの中では、自分の座標を上記のように「x 座標」、「y 座標」ブロックで扱うことができますが、他のスプライトの座標をコードから扱いたいときはどうすればいいでしょうか。こういうときは、「調べる」カテゴリにある、「[ステージ] の [背景 #]」ブロックを使います。

　このブロックを使うと、他のスプライトの座標を取得できます。

　たとえば下のコードを動かすと、スプライト 1 の少し上に移動します。

■ なめらかに動かすブロック

　「〜ずつ変える」ブロックを使うことでアニメーションができますが、「瞬間移動」を繰り返すことになるのでカクカクした動きになってしまうことがあります。こういうときは「〜秒で x 座標を〜にする、〜秒で y 座標を〜にする」ブロックを使うとなめらかに動かすことができます。どの距離にも同じ時間で移動できるので、ゲームを作るときに便利なことがあります。

■ 特定の場所に直接移動するブロック

「[どこかの場所]へ行く」ブロックを使うと、ランダムな場所に移動させることができます。[どこかの場所]の部分を変えると、他のスプライトやマウスのポインターに移動させることができます。

また、「〜秒で[どこかの場所]へ行く」ブロックを使うとなめらかに移動させることができます。

■ 座標で指定されるのはスプライトの中央

スプライトの座標を指定したのに思った通りの位置に来ないときには、スプライトのコスチュームの中央がどこになっているかを確認しましょう。

座標を指定すると、スプライトの中央がその座標の位置に来ます。特別な理由がない限り、中心点は画像の中央においておくのが良いでしょう。

回転させたときに動きがおかしくなってしまうときも、中心点の位置がずれている場合が多いです。

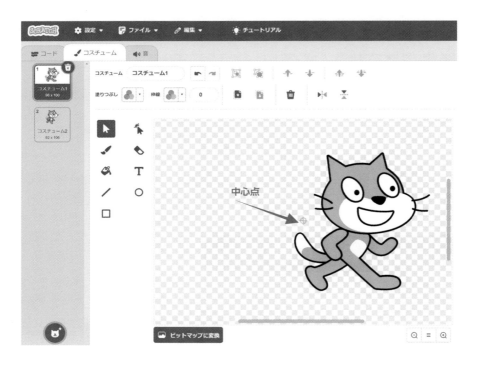

向いている方向にスプライトを動かす

向きとは

　スプライトには「向き」があって、向きを変えることでいろいろな方向に動かすことができます。座標を使うよりも直観的に動かせます。

向きの確認

　スプライトの向きはスプライトパネルで確認することができます。初期値は 90 度です。画面の右側を向いている状態になっています。

向きの数字をクリックすると向きを変更することができます。真上が 0 度になっていて、時計回りに進み、一周で 360 度です。

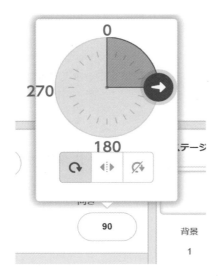

　この画面では、向きによるコスチュームの回転の仕方も変えることができます。

■「〜歩動かす」ブロック

　「〜歩動かす」ブロックを実行すると、スプライトが向いている方に指定した数だけ動きます。数の単位は座標と同じです。ステージの左端から右端まで動かすと 480 になります。

<「～度に向ける」ブロック>

「～度に向ける」ブロックを実行すると向きがすぐ変わります。

<「～度回す」ブロック>

「～度回す」ブロックを使うと、現在の向きから回転させることができます。時計回りに回すブロックと反時計回りに回すブロックがあります。「時計回りに -15 度回す」は「反時計回りに 15 度回す」と同じことになります。

<「もし端に着いたら、跳ね返る」ブロック>

「もし端に着いたら、跳ね返る」ブロックを使うと、スプライトがステージの端にぶつかったときに自動的に逆向きにすることができます。

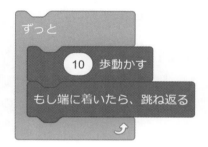

このコードを実行すると、スプライトがずっと画面を往復します。

＜「向き」ブロック＞

「向き」ブロックを使うと、現在の向きを変数のようにコードの中で使うことができます。たとえば、下記コードは「時計回りに 10 度回す」と同じ意味になります。

■ コスチュームの回転方法を変える

「回転方法を [左右のみ] にする」ブロックを使うと、向きが変化したときのコスチュームの回転の仕方を変えることができます。

回転方法	動作
左右のみ	向きによってコスチュームが右を向くか左を向くかのどちらかになります。左を向くときは左右が反転しますが、上下は変わりません。
回転しない	どんな向きでもコスチュームは回転しません。
自由に回転	向きと同じ方向にコスチュームが回転します。

■ 直接向かせるブロック

「[マウスのポインター] へ向ける」ブロックを使うと、マウスのポインターや他のスプライトへ向きを変えることができます。自動で追いかけてくる敵を作るときなどに便利です。

座標で動かすやり方と向きで動かすやり方のどちらを使えばよいか？
　どちらも同じことができますが、位置を正確に決めたいときは座標で動かし、同じ動作を何回も繰り返したいときは向きで動かすのが良いでしょう。たとえば、ネコを次のように四角形に動かしたいとき、

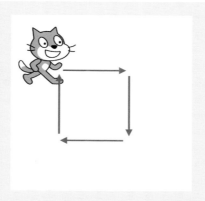

座標を使うとややわかりにくいコードになりますが、

向きを使うとわかりやすいシンプルなコードになります。

4-1

ステージの中央にあるスプライトに対して以下のプログラムを実行するとどの方向に動きますか？

4-2

Scratch のステージの大きさは横・縦どのくらいですか？

4-3

　これらのブロックを使ってスプライトを右斜め上方向にゆっくり動かすにはどうしたらよいですか？

第 **5** 章

変数とリスト

プログラムに変数は欠かせないものです。変数を使うことでプログラムに動きを与えることができます。Scratch の場合、スプライトの座標を変数にして中身（値^{あたい}）を変えることで動かしたり、ゲームのスコアを変数にすることで数字の表示を変えることができます。

リストは変数の一種ですが、たくさんのデータを一度に扱うときに使います。たとえば、演劇のような作品でキャラクターがたくさんのセリフを言う場合、セリフをリストに入れておくと修正や追加がしやすくなります。

変数

■ 変数を作る

変数とリストはブロックパレットの変数カテゴリにあるボタンから作ることができます。

■ 変数の名前とスコープ

■ 変数の名前

変数の名前は内容を表すものにしましょう。意味のない名前にするとあとで困ることがあります。たとえばスプライト A の強さを「変数 1」という名前の変数、スプライト B の強さを「変数 2」という名前の変数にすると、あとでプログラムを見直したときにどの変数が何を示しているのかわかりにくくなってしまいます。「A 強さ」、「B 強さ」のように一目で内容がわかるものにしましょう。

また、名前が長いとブロックが長くなってしまうので、わかりにくくならない範囲で短い名前にしておくのが良いでしょう。

　一回つけた名前は、変数を右クリックして変更することができます。

■ 変数のスコープ

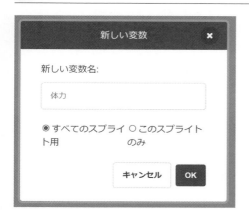

　変数を作るとき、「すべてのスプライト用」か「このスプライトのみ」かを選びます。「すべてのスプライト用」の変数はどのスプライトのコードエリアにも表示され、どのスプライトのコードからでも中身を変更することができます。「このスプライトのみ」の変数は変数を作ったスプライトでしか表示・変更ができません。ほとんどは「すべてのスプライト用」で大丈夫ですが、下記のような場合には「このスプライトのみ」を使うと良いでしょう。

・変数が増えてきてどれがどれだかわかりにくくなったとき

　変数が増えてくると、ブロックパレットにたくさんの変数が表示されて扱いにくくなります。「このスプライトのみ」の変数は所属しているスプライトのブロックパレットにしか出てこないので、一度に扱う変数が減ってプログラムがわかりやすくなります。

・クローンごとに違う値を持たせたいとき

　たとえば敵キャラクターのスプライトに体力を設定して、クローンごとに体力を変えたい場合は、変数「体力」を「このスプライトのみ」にする必要があります。第6章「イベントと制御」の「クローン」を参照してください。

 他のスプライトの変数をどう使うか？

　「このスプライトのみ」の変数の場合、スプライトに所属する変数は他のスプライトからは見えません。このとき、他のスプライトの変数を変えるにはどうしたら良いでしょうか。このような時は「メッセージ」を使います。

　たとえば次の例では、メッセージ「体力増加」を作って、スプライト「Heart」をクリックしたときにスプライト「Cat」の体力が100増えるようにしています。

　いったんスプライト「Heart」からスプライト「Cat」のプログラムを呼んで、そこで変数を変えてもらうのです。

　このやり方は一見面倒に見えますが、スプライト「Cat」の中身を変更するコードはすべてスプライト「Cat」の中にまとまるので、のちにプログラムが複雑になった時でも読みやすいコードになります。

 グローバル変数とローカル変数

　Scratchでは、変数を「すべてのスプライト用」か「このスプライトのみ」に設定しますが、他のプログラミング言語では、前者を「グローバル変数」、後者を「ローカル変数」と呼ぶことが多いです。このように、変数がどこから使えるかを変数のスコープ（領域）と呼びます。

■ 変数の表示方法

　変数を作るとステージの左上に内容が配置されますが、表示のされ方を変えることができます。ステージの変数を右クリックして表示方法を選べます。

　また、変数のステージ上の表示を隠したり元に戻したりもできます。変数名の左のチェックボックスのチェックを外すとステージから消すことができます。

　こちらはコードからも変更が可能です。

■ 数字の変数を操作する

■ 「＜変数名＞を〜にする」ブロック

　このブロックを使うと変数の中身を変更できます。数字や文字を入れることができます。数字を入れるときは全角と半角の違いに注意してください。

このように、変数に値を指定することをプログラミングでは「代入」と言います。

■ 「＜変数名＞を〜ずつ変える」ブロック

このブロックを使うと変数の中身の数字を増やすことができます。増やす数字は変数や式に置き換えることができます。

上記の例では、もともと変数「スコア」が 100 だったとすると、10 増えて 110 になります。逆に値を減らしたいときは「-10」などマイナスの数字を指定します。

 10 増やすのはこんなふうにもできる
「ずつ変える」は次のような書き方もできます。

　元の値に 10 足したものを新しい値にする、という発想です。ほかのプログラミング言語には、「〜ずつ変える」に相当する書き方がなく、このように数字を増やすやり方が一般的な言語もあります。

■ 計算する

数字の変数は、「演算」のブロックパレットにある様々な式を使って計算することができます。

■ 計算記号

計算記号は一般の算数や数学で使われるものと違うものがあるので注意が必要です。

記号	意味
+	足し算
-	引き算
*	掛け算
/	割り算

たとえば、次のコードは日数を秒に換算すると何秒かを計算します。

下記部分は、（（日数× 24）× 60）× 60 という式を意味しています。

■ 特殊な数字の変数

■ 乱数

　乱数とは、呼び出すたびに違った値が返ってくるものです。乱数は「演算」のブロックパレットから使用します。たとえば、現実世界ではサイコロを振ったら 1 から 6 までの数字が出ますが、このしくみを Scratch で使えるのが乱数で、次のように表します。

次の例では、スプライトが小刻みに左右に揺れます。

■ 音量とタイマー

　音量とタイマーは Scratch に最初から用意されている変数で、「調べる」のブロックパレットから使うことができます。音量はパソコンやタブレットのマイクに入力された音量のことです。音量は、たとえばマイクに向かってなにか叫んだときにスプライトが動くようなプログラムで使うことができます。
　タイマーは時間経過で自動的に数字が大きくなります。タイマーは秒数が記録されるので、たとえば「開始したら 30 秒で強制的に終了するゲーム」で使うことができます。

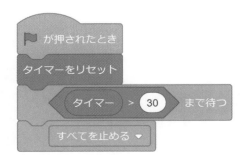

　この例では、緑の旗をクリックするとタイマーが 0 になり、30 秒経過するとすべてのプログラムが止まります。タイマーが増えていく様子を見たいときは変数の左にチェックを入れてステージに表示するのが良いでしょう。

■ 文字列の変数を操作する

　「変数」というと数字しか使えないと思われるかもしれませんが、中身は**文字列**にすることも可能です。「文字列」という言葉は「文字の並び」という意味で、プログラミングでよく使われます。

■ 「＜変数名＞を～にする」ブロック

　このブロックを使って変数に文字を入れることができます。

　上記の例では、変数「名前」の値が「カメオ」になります。

■ 文字列をつなげる

　「演算」から「～と～」を使うと文字列をつなげることができます。

　上記の例では、変数「名前」の値は「カメオさん」になります。

「〜と〜」を使うと便利なとき

たとえば、現在の日付を表示するときは次のようにします。

「〜と〜」を複数個組み合わせて使うとどんどん文字を繋げていけます。

特殊な文字の変数

「〜と聞いて待つ」と「答え」

Scratch で最初から用意された変数「答え」を使うとユーザの入力した文字列をプログラムで使用することができます。

「〜と聞いて待つ」を使うと文字入力のフォームが表示され、そこに入力した文字列が変数「答え」に入ります。

この例は、ユーザに名前を入力してもらって、挨拶を返すプログラムです。

クラウド変数

　スクラッチの変数は、ユーザが Scratch の作品を使うたびに設定されます。作品を閉じると変数は元の値に戻ります。ところが、「クラウド変数」を使うと、変数がクラウドに保存されるので変数が変わってもそのまま残ります。この性質を利用して、たとえば「ハイスコア」を記録することができます。ハイスコアは、どんどん更新されていく必要があるのでクラウド変数以外の変数は使えません。

　クラウド変数はスクラッチを長く続けて「スクラッチャー」（Scratcher）の資格を得ないと使うことができません。みなさんも、クラウド変数を使えるように Scratch を長く使い続けてみましょう。

 **リスト**

■ **リストを作る**

　リストは、たくさんの変数を一度に扱うことができます。たとえば「くだもの販売機」を作るとき、くだものの名前の一覧をリストに入れておくと便利です。中身を扱うときには 1 から始まる通し番号を使います。次の例では、「くだもの」というリストに「りんご」と「みかん」と「すいか」が入っています。

　リストも変数と同じようにブロックパレットの変数カテゴリにあるボタンから作ります。リストにも「すべてのスプライト用」と「このスプライトのみ」の 2 種類があります。

　リスト「くだもの」を操作するためのブロックがブロック一覧に表示されます。

✅ くだもの

- なにか を くだもの ▼ に追加する

- くだもの ▼ の 1 番目を削除する

- くだもの ▼ のすべてを削除する

- くだもの ▼ の 1 番目に なにか を挿入する

- くだもの ▼ の 1 番目を なにか で置き換える

くだもの ▼ の 1 番目

くだもの ▼ 中の なにか の場所

くだもの ▼ の長さ

くだもの ▼ に なにか が含まれる

リスト くだもの ▼ を表示する

リスト くだもの ▼ を隠す

■ リストの初期化

リストは作ったばかりでは何も入っていないので、中身（要素）を追加して使用します。

このプログラムを実行するとリストに「りんご」と「みかん」と「すいか」が入ります。このままでは、プログラムを開始するたびに中身がどんどん増えていくので、以下のようにすると良いでしょう。

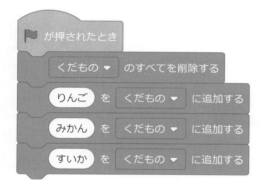

最初にすべての要素を消してしまうのがポイントです。最初にすべての要素を消すことで毎回同じリストになります。このように、最初にデータを整えることを初期化と呼びます。

■ リストの中身をひとつずつ表示する

リストの中身は番号で管理します。たとえば、りんごは「くだもの」リストの1番目なので、次のようなコードで取り出せます。

リストの中身をひとつずつ表示するには次のようにします。

「番号」という変数を作っておき、表示するたびにひとつ数を増やします。これによって次のリストの中身がどんどん表示されます。「リストの長さ」ぶん繰り返すというふうに設定しているのもポイントです。

このように、リストの番号に対応した変数を使うやり方は、C言語など他のプログラミング言語でもよく使われます。

> **逆順に表示してみよう**
> 通常、リストは最初の要素から扱いますが、最後の要素から扱いたいときもあります。リストの要素を逆順に表示する方法を考えてみましょう。

このプログラムでは、変数「番号」を最後の番号、つまり長さと同じ番号にして、毎回その「番号」を 1 ずつ減らしているのがポイントです。

■ リストの中からランダムで選ぶ

リストの中からどれかひとつをランダムで選びたいときは乱数を組み合わせて使います。

リストの最初の要素は 1 番目、最後の要素は「長さ」番目になるのでこのように「1 から長さまでの乱数」を用います。

■ 含まれるかどうか調べる

「くだもの」リストに「いちご」が入っているかどうか調べたいときは「〜が含まれる」ブロックを使うと便利です。

以下のプログラムは、ユーザから聞いたくだものがリストになかった場合に追加します。

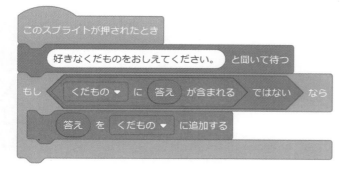

「くだものに答えが含まれる」と「〜ではない」を組み合わせるのがポイントです。

リストのデータをまとめて読み書きするには

たとえばリストのデータが 100 件もあるような場合、コードでひとつずつ追加していくのはたいへん手間ですし、間違いも起きやすいです。このようなときは「読み込み」と「書き出し」を使うのが良いでしょう。「書き出し」を使うとデータをテキストファイルに保存することができ、「読み込み」ではテキストファイルからデータを読み込むことができます。

「読み込み」と「書き出し」は下記のようにステージの変数表示を右クリックしてメニューを出して使います。

5-1

　変数を作るとき、「すべてのスプライト用」か「このスプライトのみ」を選択することができます。「すべてのスプライト用」ばかりを選んでいるとどんな不便なことがありますか？

5-2

　以下のコードを実行したとき変数「トータル」の値はいくつになりますか？

```
トータル ▼ を 0 にする
番号 ▼ を 1 にする
5 回繰り返す
    トータル ▼ を 番号 ずつ変える
    番号 ▼ を 1 ずつ変える
```

5-3

　次のような内容のリスト1があります。

リスト1
1 A
2 B
3 C
4 D
5 E
+ 長さ 5 =

　下記のコードを実行するとリスト2の内容はどうなりますか？

```
リスト2 ▼ のすべてを削除する
番号 ▼ を 1 にする
リスト1 ▼ の長さ 回繰り返す
    リスト2 ▼ の 1 番目に リスト1 ▼ の 番号 番目 を挿入する
    番号 ▼ を 1 ずつ変える
```

第6章

イベントと制御

イベントと制御は、プログラムの流れを決める要素です。プログラムの開始・繰り返し・分岐・終了などを行います。

 イベント

Scratch のプログラムは「イベント」から始まります。イベントというのは、主にユーザの操作のことです。マウスのクリックやキーボードを押すことでプログラムを動かすことができます。

■ プログラムの開始と終了

「[緑の旗]が押されたとき」はゲームをスタートするときによく使われます。プログラムを終了させるときは緑の旗の横の赤いボタンを押しますが、プログラムの中からも終了させることができます。

＜「緑の旗が押されたとき」ブロック＞

＜止めるブロック＞

すべてを止める ▼

止めるブロックは3つの種類を選べます。「すべてを止める」は、赤ボタンと同じ役割です。すべてのプログラムがすぐに終了します。「このスクリプトを止める」はこのブロックが属する一連のプログラムだけを止めます。たとえば以下のように使います。

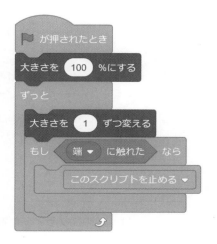

このプログラムでは、スプライトの大きさがどんどん大きくなっていって端についたら止まります。もし「すべてを止める」にすると、他にも同じようなスプライトがあった場合、どれかひとつが端に触るとすべて止まってしまいます。

「スプライトの他のスクリプトを止める」は、「このスクリプトを止める」とは違って、このブロックが属している一連のプログラムは止めませんが、スプライトの他のプログラムの動作を停止します。

「スプライトの他のスクリプトを止める」の使いどころ

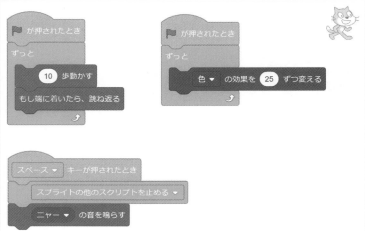

　たとえば上記のプログラムで、スペースキーを押したときにネコの移動と色の変化を
止めてそのあとに音を出すためには、「すべてを止める」を選ぶとうまくいきません。「す
べてを止める」の下には「ニャーの音を鳴らす」ブロックをつなげることはできないか
らです。このようなときに「スプライトの他のスクリプトを止める」を使います。

■ マウスクリックとキークリック

　マウスでスプライトをクリックすることでプログラムを動かしたいときは「このスプライトが押さ
れたとき」を使います。また、キー入力でプログラムを動かすこともできます。たとえばマインクラ
フトなどのゲームでは、Ｗキー、Ａキー、Ｓキー、Ｄキーでキャラクターを移動できますが、そういっ
た操作を行いたいときは「〜キーが押されたとき」を使います。

■ 背景が変わったときにプログラムを動かす

　複数の場面がある物語を作るときなど、「背景が〜になったとき」を使うと便利です。たとえば、「公
園」と「海」の2つの場面がある物語の場合、公園の背景と海の背景の2つを用意して、「背景が公
園になったとき」にはベンチを表示し、イルカを隠すようにします。「背景が海になったとき」には
ベンチを隠して、イルカを表示する、というように使います。

音量やタイマーでプログラムを動かす

　マイクがついているデバイスで Scratch の作品を作るときは、マイクに入る音声のボリュームが一定以上になると動くプログラムを作ることができます。また、タイマーの数値で動くプログラムを作ることもできます。

メッセージ

　イベントに似たものは自分でも作ることができます。それが「メッセージ」です。メッセージを使うと、他のスプライトのプログラムを動かすことができます。
　メッセージは、「ブロードキャスト」と呼ばれます。ブロードキャストは放送の意味で、すべてのスプライトに送られるのがポイントです。
　たとえば、あるスプライトの最初の音楽再生が終わったら他の 2 つのスプライトを同時に動かしたい、というようなとき、「イントロが終わった」というメッセージを作って、イントロの音楽が終わったら 2 つのスプライトのプログラムが動くようにします。

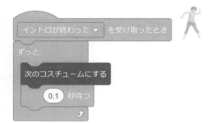

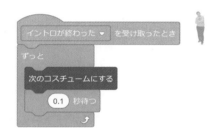

上記のプログラムでは、ラジオがイントロを流し終わったあとに2人のダンサーが踊り始めます。「終わるまで〜の音を鳴らす」を使っているところがポイントです。「〜の音を鳴らす」ではなくこのブロックを使っているので音が終わってから「イントロが終わった」というメッセージが送られます。

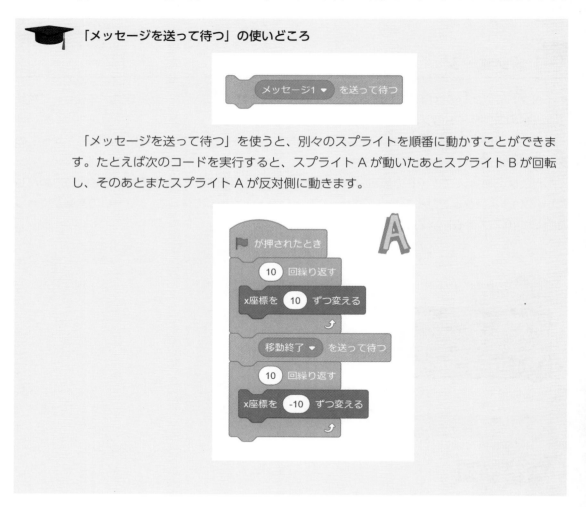

「メッセージを送って待つ」の使いどころ

「メッセージを送って待つ」を使うと、別々のスプライトを順番に動かすことができます。たとえば次のコードを実行すると、スプライトAが動いたあとスプライトBが回転し、そのあとまたスプライトAが反対側に動きます。

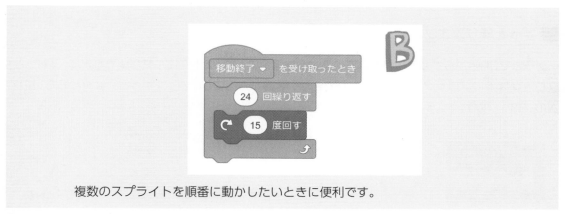

複数のスプライトを順番に動かしたいときに便利です。

繰り返し

同じコードを何度も行いたいときは繰り返しブロックを使います。

＜3種のブロック例＞

■「〜回繰り返す」ブロック

繰り返しの回数が決まっているときは「〜回繰り返す」を使います。回のところに変数を使うと柔軟なプログラムを書けます。

■ ずっと繰り返すブロック

　ゲームで、開始からずっと敵が動いているような場合に「ずっと」ブロックが使われます。「ずっと」ブロックは下にブロックをつけることができないようになっています。「ずっと」は終わらないので次のブロックが動作することはないからです。

 イベントと「ずっと」どっちを使う？

　以下のコードはほぼ同じ機能を持ちます。イベントのほうが簡単に書けて良さそうですが、「ずっと」を使うほうにも良いところがあります。

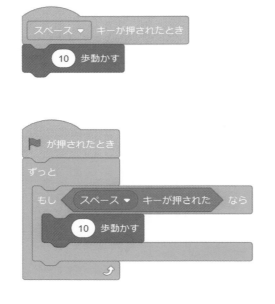

・条件を複雑にできる

　イベントだと、「スペースキーが押されたとき」のような条件を使うことはできますが、「Aキーが押されたとき」かつ「変数Aの値が0のとき」のような複雑な条件は使えません。

・キーを押し続けたときの動作

　一回だけキーを押すときの動作は変わりませんが、キーを押し続けたときの動作はこの2つで異なります。「ずっと」のほうはキーを押し続けるとそのまま動き続けますが、イベントのほうは一回間が空きます。（オペレーティングシステムのキー入力設定によってはほぼ同じ動きになることがあります。）

■「～まで繰り返す」ブロック

「～まで繰り返す」は、繰り返す回数が決まっていないときによく使われます。スコアが 100 になるまでずっと敵を動かし続ける、というようなときに使います。

■「～まで待つ」ブロック

「～まで待つ」は何のためにあるのかわかりにくいブロックです。使い方としては以下のようなプログラムが参考になるでしょう。

通常、「このスプライトが押されたとき」イベントは、マウスをクリックした瞬間に動作します。しかし、この例では「マウスが押された」ではない、つまりマウスのクリックが終わるまで待つので、マウスボタンを離したときに実行されます。動作の違いを実際に確認してみてください。

条件分岐

　条件にあてはまったときに動作させるには条件分岐のブロックを使います。通常は「もし〜なら」を使いますが、条件に当てはまらないときの動作を記述できる「もし〜なら〜でなければ」も便利です。

■ 複雑な条件

　「演算」のブロックを使うと複雑な条件を扱うことができます。

＜「〜かつ〜」ブロック＞

　「2つの条件がどちらも当てはまるとき」を条件にしたいときは「〜かつ〜」を使います。

マウスのポインター ▼ に触れた かつ マウスが押された

　たとえばこの条件は、「マウスのポインターに触れた」条件と「マウスが押された」条件が両方とも当てはまっているときなので、「スプライトがクリックされた」ことと同じになります。

＜「〜または〜」ブロック＞

　「2つの条件のどちらかが当てはまるとき」を条件にしたいときは「〜または〜」を使います。
　たとえばこの条件は、「a キーが押された」条件と「左向き矢印キーが押された」条件のどちらかが当てはまったときという意味になります。キャラクターを矢印キーでも WASD キーでも操作したい、というようなときに便利です。

a ▼ キーが押された または 左向き矢印 ▼ キーが押された

　なお、この「〜または〜」は同時に両方の条件が当てはまったとき（a キーと左向き矢印キーの両

方が同時に押されたとき）にも動作します。

＜「～ではない」ブロック＞

「条件が当てはまらないとき」を条件にしたいときは「～ではない」を使います。たとえば次のコードは、「マウスのポインターに触れた」のではないときに動作します。スプライトがランダムでいろいろな場所に動き続けますが、マウスのポインターに触れたときだけ動かなくなります。

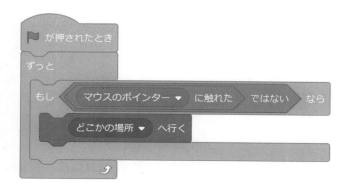

クローン

クローンを使うとスプライトを複製することができます。たとえばたくさんの雪を降らせたり、弾幕ゲームの弾を画面上にたくさん表示したりするときに便利です。

■ クローンを作る

「自分自身のクローンを作る」ブロックを実行するとその場にクローンが作られます。本体と重なっていて一見スプライトが増えたように見えないので注意してください。自分以外の他のスプライトのクローンを作ることもできます。

■ クローンの動作を作る

クローンされたスプライトに本体とは異なるプログラムをしたいときは「クローンされたとき」のイベントを使います。次のプログラムは、クローンされたときに下まで落ちていく動作を示しています。

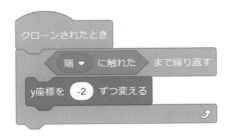

■ クローンを消す

クローンは、プログラムを終了したときにすべて消えますが、「このクローンを削除する」を使って消すこともできます。

このスプライトが押されたとき
このクローンを削除する

■ 本体とクローン

クローンを使うと、スプライトを複製することができますが、クローンは本体とは異なるので、別々にプログラムしなければならないことに注意してください。たとえば下記のプログラムでは、上から雨のようにクローンを降らすプログラムです。本体は隠れた状態で横に動きながらクローンをどんどん作ります。作られたクローンは表示されてから、徐々に下に落ちていき、下についたら消えます。

⚑ が押されたとき
隠す
ずっと
x座標を -240 から 240 までの乱数 、y座標を 130 にする
自分自身 ▼ のクローンを作る

クローンされたとき
表示する
端 ▼ に触れた まで繰り返す
y座標を -2 ずつ変える
このクローンを削除する

クローンごとの変数に違う値を持たせるには

　たとえば、敵キャラクターのスプライトを作って、クローンで数を増やすとします。そのとき、それぞれに番号をつけるとした場合、どうしたら良いでしょうか？

　下記のコードでは、番号を毎回変えてクローンを作成しているので、クローンをクリックしたときに違う値を言うはずです。

```
が押されたとき
番号 ▼ を 0 にする
10 回繰り返す
  どこかの場所 ▼ へ行く
  番号 ▼ を 1 ずつ変える
  自分自身 ▼ のクローンを作る
```

```
このスプライトが押されたとき
番号 と言う
```

　ところが、実際には下図のように番号はどれも 10 になってしまいます。これは、変数「番号」はどのクローンにも共通の変数だからです。

　そこで、変数を「このスプライトのみ」の変数にすると下記のようにうまくいきます。「このスプライトのみ」の変数はクローンごとに違った値を持つことができます。

練習問題

6-1

　以下は、ステージの端にぶつかるまでスプライトが進み続けるプログラムです。このプログラムの動作を変えないように「〜まで繰り返す」ブロックのかわりに「ずっと」ブロックを使って書き直してください。

```
端 ▼ に触れた まで繰り返す
    10 歩動かす
```

6-2

　下記のプログラムを実行するとスプライトはどのように動きますか？

```
🏴 が押されたとき              🏴 が押されたとき
大きさを 0 %にする            x座標を 0 、y座標を 0 にする
10 回繰り返す                     1 秒でx座標を 100 に、y座標を 100 に変える
    大きさを 10 ずつ変える
    0.1 秒待つ
```

6-3

　変数「年」の数字を調べて元号が平成かどうかを判別するプログラムを作ってください。平成は1989 年から 2018 年までとします。平成なら「平成です」、そうでなければ「平成以外です」と言うようにします。

第7章

拡張機能とブロック定義

Scratch は、「拡張機能」と呼ばれる、追加しないと使えない機能があります。ここでは、拡張機能の中でも特によく使われる「音楽」と「ペン」を説明します。

また、ブロック定義とは、一連のプログラムに新しい名前をつけて再利用できるようにしたものです。プログラムの中で同じコードを何度も使っている場合はブロック定義を使ってみると便利です。

拡張機能

コードエリアの左下のボタンをクリックすると拡張機能を選んで追加することができます。

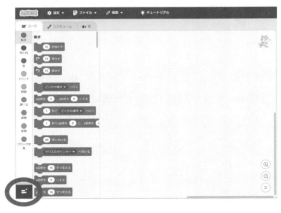

ここでは、「音楽」、「ペン」、「ビデオモーションセンサー」などの機能を追加できます。

また、micro:bit などのハードウェアを操作するブロックも追加することができます。これらの拡張機能は Scratch のサイトにときおり新たに追加されることがあります。

例として「ペン」を選ぶとコードパレットの左下にペン機能のブロックが追加されます。

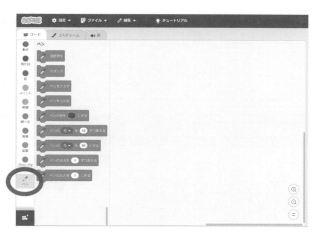

■ 音楽拡張機能

音楽の拡張機能を使うと、自分でピアノやトランペットなどの音色を使って、オリジナルのメロディやリズムを作ることができます。

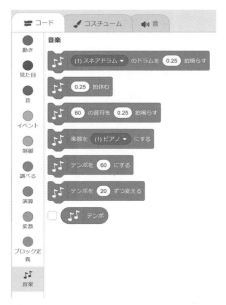

■ ピアノで「カエルの歌」を奏でる例

たとえば、ピアノの音で「カエルの歌」を奏でるには以下のようにします（メロディの途中まで）。最初に楽器を決めてから、音を鳴らすブロックを音程と拍数を決めて必要な数だけ繋げていきます。

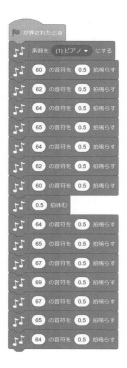

■ ペン拡張機能

ペン拡張機能を使うと、スプライトを動かすことで絵を書くことができます。

■ 「ペンを下ろす」ブロック

ペンはスプライトの中心にありますが、現実のペンと同じように紙（ステージ）に下ろさないと線が引けません。ペンを下ろしてからスプライトを動かすと線が引けます。

次のコードでは、「ペンを下ろす」のあとに「100 歩動かす」があるので、スプライトが右に歩いたところに線が引かれます。

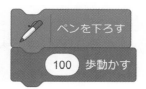

■ 「ペンを上げる」ブロック

ペンが下がったままスプライトを動かすと、動いたところに線がどんどん増えていってしまうので、違う場所から線を新しく引きたいときは、「ペンを上げる」を使います。

次のコードでは、上の線を引いたあと、一度ペンを上げて線が引かれないようにしてから左下に移動して、再びペンを下ろし 2 本目の線を引いています。

■「全部消す」ブロック

それまで描いた線を消すには、「全部消す」ブロックを使います。描いた線の一部だけを消すようなことはできません。一部だけを消したい場合は上から白で塗りつぶして消すというようなやり方をしてください。

■「スタンプ」ブロック

「スタンプ」を使うとスプライトの形のスタンプをステージに押すことができます。一見クローンと似ていますが、クローンと違ってプログラムで動かすことはできません。

次のコードでは、Scratchキャットをランダムに動かしながらスタンプしています。

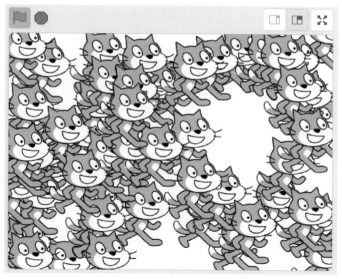

スタンプはクローンよりもパソコンへの負担が小さいので、クローンを使わなくてもスタンプで済む場合は積極的にスタンプを使うと良いでしょう。

 ペンとターボモード

ペンを使うと、複雑な模様を描いたりすることが簡単にできますが、スプライトが移動しなければならないので作成に時間がかかることがあります。こういうときは「ターボモード」を使うとスプライトの動きが高速化されます。「編集」メニューから「ターボモードにする」を選びましょう。

ブロック定義

プロジェクトの中で同じようなプログラムがたくさん出てくると思ったら「ブロック定義」の出番です。

ここでは、ペン機能を使って四角形を描くブロックを定義しています。

「ブロックを作る」を実行し、ブロックに名前をつけます。

次に、定義の下にコードを作ります。

「四角形」というブロックが追加されるのでこれを実行すると四角形が描かれます。

　一度「四角形」ブロックを作ってしまえば四角形を使ったプログラムを簡単に作れるようになります。たとえば、以下は四角形を描きながらネコが回転するプログラムです。

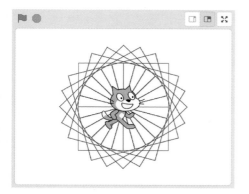

■ 引数付きのブロックを作る

　「四角形」のブロックを作りましたが、同じように「五角形」や「六角形」のブロックを作ることができます。

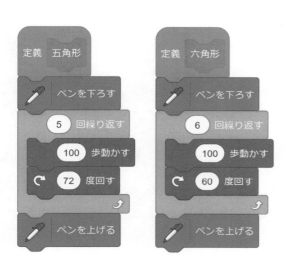

　しかしこれらはよく見ると、繰り返しの回数が違うのと、回転の角度が違うだけです。また、回転の角度は「360÷角の数」で求めることができます。

　そこでこれらは「多角形」というブロックにまとめることができます。

　「多角形」というブロックを定義して、「角の数」という引数（ひきすう）を追加しましょう。

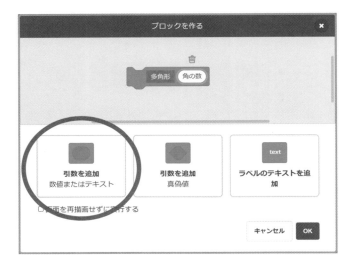

コードは次のように書きます。

八角形を描くには、引数に 8 を指定します。

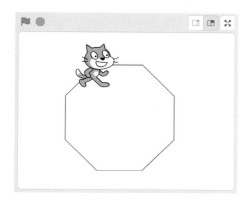

 ブロック定義と関数、プロシージャ

　ブロック定義のような機能は他のプログラミング言語だと「関数」や「プロシージャ」と呼ばれます。「関数」は、数学の y=2x のように、数字（この場合は x の値）を入れたら他の値（この場合は y の値）が返ってくるようなときに使われることが多く、「プロシージャ」は他の値が返ってこないときによく使われる用語です。その意味では Scratch のブロック定義はプロシージャに近いと言えるでしょう。

 「画面を再描画せずに実行する」

　ブロック定義の作成画面で「画面を再描画せずに実行する」にチェックを入れると、ブロックのプログラムの実行が一瞬で終わるようになります。

　これを利用すると、とくにペン機能などで大量の線を描くときに便利です。先述のターボモードとあわせて使ってみましょう。

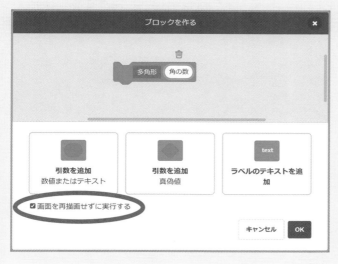

7-1

ブロック定義を作る際に、「画面を再描画せずに実行する」をチェックするとどんな事が起こりますか？

7-2

ペンの拡張機能の「スタンプ」とクローンの違いはなんですか？

7-3

下記プログラムを実行するとどんな模様が描かれますか？

第 **8** 章

サンプル問題

 第1問　Scratch の基本知識に関する問題

1. 「編集」メニューから「ターボモードにする」を選ぶと何が起こるか。

①スプライトの動きが速くなる
②音の音量が大きくなる
③文字が大きくなる
④ボタンの反応が良くなる

2. 「～へ行く」ブロックで選べるものはどれか。

①画面の中央
②マウスのポインター
③すぐ上
④最後にいた場所

3. スプライトでいちばん最後のコスチュームが選ばれているとき「次のコスチュームにする」を実行するとどうなるか。
①最初のコスチュームが選ばれる

②エラーになる

③コスチュームのうちのどれかがランダムで選ばれる

④最後のコスチュームのまま

4．「左右にパンの効果を100にする」とどうなるか。

①真ん中から音が聞こえる

②右のスピーカーから音が聞こえる

③左のスピーカーから音が聞こえる

④左右のスピーカーから逆の音が聞こえる

5．「〜キーが押されたとき」で選べないキーはどれか。

①0キー

②どれかのキー

③aキー

④エンターキー

6．「止める」ブロックについて正しいものはどれか。

①「すべてを止める」だけ下にブロックを接続できる

②「このスクリプトを止める」だけ下にブロックを接続できる

③「スプライトの他のスクリプトを止める」だけ下にブロックを接続できる

④どれを選択しても下にはブロックを接続できない

7．ステージを拡大して全画面表示にしたときの動きとして正しいものはどれか。

①どのスプライトもドラッグすることができる

②スプライトは一切ドラッグできなくなる

③「ドラッグできるようにする」ブロックを使うとスプライトをドラッグできる

④右クリックすることでスプライトはドラッグできる

8．次のブロックをクリックすると表示されるのは何か。

14 を 4 で割った余り

①0
②1
③2
④3

9．変数を作るときとリストを作るときの違いはどれか。
①リストは「このスプライトのみ」しか選べない
②リストは「すべてのスプライト用」しか選べない
③リストは「クラウド変数（サーバに保存）」が選べない
④リストは作ったときの名前を変更できない

10．ブロック定義をするとき行えないものはどれか。
①数値またはテキストの引数の追加
②真偽値の引数の追加
③ラベルのテキストの追加
④ターボモードの選択

11．スプライトの音について正しいものはどれか。
① Scratch キャットのスプライトのみ最初から独自の音が設定されている
②最初から独自の音が設定されているスプライトはない
③独自の音が設定されているスプライトと設定されていないスプライトがそれぞれ複数ある
④どのスプライトにもそれぞれ違った独自の音が設定されている

12．スプライトのコスチュームとして読み込めないファイルはどれか。
① wav ファイル
② png ファイル
③ jpg ファイル
④ svg ファイル

 第2問　ネットリテラシーに関する問題

1．リミックスの説明として正しいものはどれか。
①他の人の作品を元に作品を作れるが、誰が作れるかは作者が選ぶことができる
②他の人の作品を元に自分の作品を作るが、元になった作品がどれかはわからない
③他の人の作品を自分で変更して修正していくこと
④他の人の作品を元に自分の作品を作るが、他の人の作品は変更されない

2．Scratch にアカウント登録を行わないとできないことはどれか。

①バックパックを使うこと

②作品の中で 10 個以上のスプライトを使うこと

③コスチュームをベクターからビットマップに変換すること

④「このスプライトのみ」の変数を使うこと

3．Scratch のアカウントを登録するときに入力する必要のない情報はどれか。

①性別

②ユーザー名

③国名

④メールアドレス

4．Scratch（3.0）のプロジェクトをコンピュータに保存したときのファイルの拡張子はどれか。

① sb0

② sb1

② sb2

④ sb3

5．Scratch のプロジェクトを集めておく場所のようなものはどれか。

①アトリエ

②スペース

③スタジオ

④ギャラリー

 第3問　プログラミング（文法・アルゴリズム）に関する問題

1．ペン機能を使って線を引くとする。動画のような結果にならないプログラムはどれか。

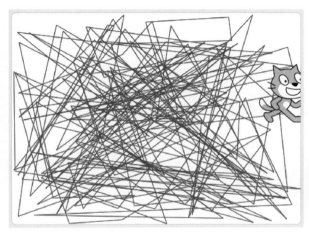

動画はこちらから
アクセスしてください。

① 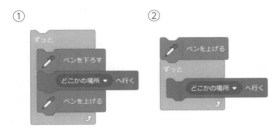 ②

③ ④

2．次のプログラムを実行すると Scratch キャットはどのような動きをするか。

①画面の上に進む
②画面の下に進む
③画面の右に進む
④画面の左に進む

3．カニとネコが登場し、場面が海岸と山の2つがある物語を作っている。背景が「海岸」のときに「カ
ニ」と「ネコ」を表示させ、背景が「山」のときには「ネコ」のみ表示させるにはどのようなプロ
グラムの組み合わせが正しいか。

①

②

③

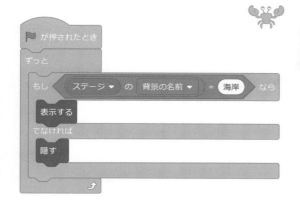 

④

4．左右の矢印キーを使ってスプライトを左右に操作したい。次の4つのうち間違っているものはどれか。

①

②

③

④

5．次のプログラムを実行したときスプライトはどのような動きをするか。

①小刻みに上下に動くのを 6 回繰り返しながら右にゆっくり進む

②ジャンプして下降するのを 5 回繰り返す

③上に 5 回移動して下に 5 回移動するのを 6 回繰り返す

④小刻みに左右に動くのを 6 回繰り返しながら上にゆっくり進む

6．動画のように、クリックされたら画面の上にゆっくり上昇し、画面端についたら pop の音を出
　して消えるプログラムはどれか。

動画はこちらからアクセスしてください。

①

が押されたとき

18 回繰り返す

y座標を -10 ずつ変える

Pop ▼ の音を鳴らす

隠す

②

が押されたとき

30 回繰り返す

y座標を 6 ずつ変える

Pop ▼ の音を鳴らす

隠す

③

このスプライトが押されたとき

もし 端 ▼ に触れた なら

y座標を -10 ずつ変える

Pop ▼ の音を鳴らす

隠す

④

このスプライトが押されたとき

端 ▼ に触れた まで繰り返す

y座標を 10 ずつ変える

Pop ▼ の音を鳴らす

隠す

7．次のコードはシューティングゲームの敵のプログラムである。このプログラムの説明として正しいものを選びなさい。

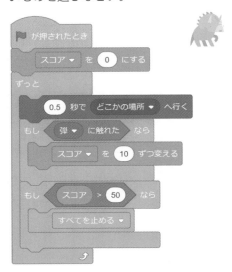

①敵に弾を当てるとスコアが増える。スコアが50より大きくなったら他のスプライトも動かなくなる。

②敵は左右にずっと動き続け、弾に当たったらスコアが増える。スコアは60になったら動きが止まる。

③敵はいろいろな場所を動き続け、弾に当たったらスコアが増える。スコアが50になったら動きが止まる。

④スコアは最初からゼロでずっとゼロのままである

8．ボールをパドルで弾くピンポンゲームを作りたい。ボールがパドルにぶつかったときに跳ね返るボールのプログラムとして間違っているものを選びなさい。

①

②

③

④

9．Scratch キャットを画面の左端に置いて、下記のプログラムで右まで動かしたい。最も短時間で右端まで動くのはどのプログラムか。

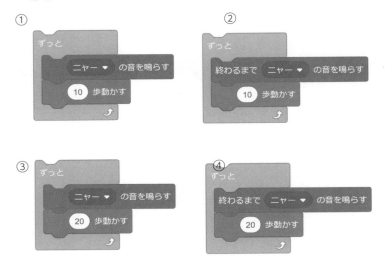

10．シンバルとドラムの音を以下のような順番で鳴らしたい。正しいプログラムの組み合わせはどれか。

番号	シンバル	ドラム
1	splash cymbal	
2		Low Tom
3	roll cymbal	High Tom

①

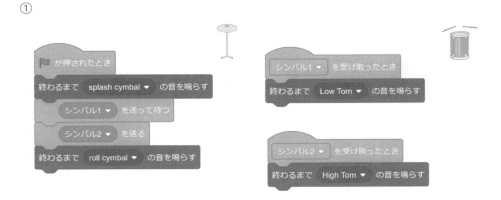

②

③

④

11. 下記はサッカーボールのプログラムである。「プレイヤー」スプライトが動くとそれにあわせて動き、kキーを押すとボールが右上に動いて、またプレイヤーのところに戻ってくるようになっている。このプログラムを変更して＜変更後＞のようにするとどのように動きが変わるか。

＜変更前＞

＜変更後＞

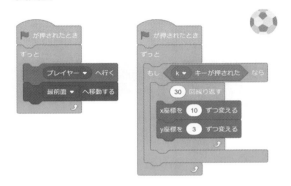

①変更前とまったく同じ動きになる

②ｋキーが押されたときに変更前よりもボールが遠くまで動くようになる

③ｋキーが押されたときにボールがほとんど動かなくなる

④キーを押さなくてもボールが遠くまで動いてプレイヤーに戻るのを繰り返すようになる

12. クローンを使ってボールのスプライトをこのように並べたい。

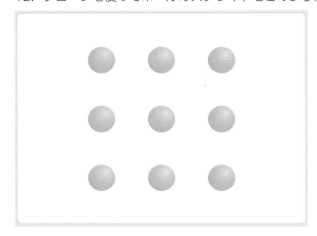

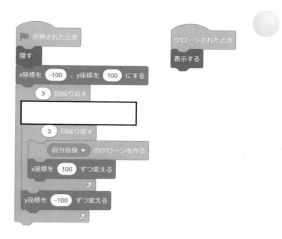

空欄に入れるプログラムはどれか。

①
x座標を -100 にする

②
y座標を 100 にする

③
x座標を 100 ずつ変える

④
y座標を -100 ずつ変える

13. マウスを移動させることでネコをゴールまで導く迷路ゲームを作りたい。緑の旗をクリックしてからネコをクリックするとマウスでネコを移動できるようになり、ネコが茶色の壁に触るとスタート地点まで戻る。

＜ネコのプログラム＞

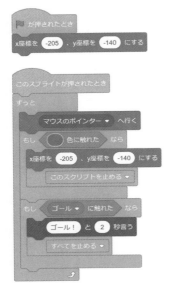

このプログラムを実行する上で注意する点として正しいものはどれか。

①ネコがゴールに到着するとすべてが止まってしまうので、もう一度ゲームを始めるためには Scratch のサイトを再読込する必要がある

②緑の旗ボタンを押す前にネコをクリックするとネコが壁にぶつかっても戻らないようになるので、最初に緑の旗を押すようにする

③全画面表示でないとネコをマウスでドラッグできてしまうので、人に遊んでもらうときはステージを全画面表示にしたほうが良い

④ネコがゴールに触るときにマウスが壁に触れているとネコが壁とゴールを行ったり来たりするようになるので、ゴール付近では慎重に操作してもらう必要がある

14．左側にネコ A、右側にネコ B が配置されており、それぞれのプログラムは以下のようになっている。

＜ネコA＞

＜ネコB＞

緑の旗を押したあと、スペースキーを押すとどうなるか。

① 2匹のネコは中央に向かって動き、ぶつかると両方とも消える

② 2匹のネコは中央に向かって動き、ぶつかるとどちらか片方だけ消える

③ 2匹のネコは中央に向かって動き、ぶつかってもすり抜けてそのまま動き続ける

④ 2匹のネコは外側に向かって動くのでぶつからない

15. 小さなボールのスプライトを画面中央に配置し、以下のようなプログラムを作った。

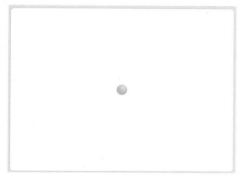

＜ボールのプログラム＞

```
🏴 が押されたとき
隠す
ずっと
    マウスのポインター ▼ へ行く
    自分自身 ▼ のクローンを作る
```

```
クローンされたとき
    色 ▼ の効果を 25 ずつ変える
表示する
    端 ▼ に触れた まで繰り返す
    x座標を -2 から 2 までの乱数 ずつ変える
    y座標を -3 ずつ変える
このクローンを削除する
```

緑の旗を押すとどうなるか。

①マウスの位置にすべて同じ色のボールが作られ、揺れながら上に上がっていく

②マウスの位置に色とりどりのボールが作られ、斜め右上に上がっていく

③マウスの位置にすべて同じ色のボールが作られ、揺れながら下に下がっていく

④マウスの位置に色とりどりのボールが作られ、揺れながら下に下がっていく

16. 下図のようなアナログ時計を作る。

　次のコードは今が何時かを表す短針のプログラムだが、このままでは短針はかくかくとしか動かない。8 時 30 分であれば短針は 8 時と 9 時のあいだに位置してほしいが、8 時を指してしまう。修正されたコードとして正しくないものは次の①〜④のうちどれか。

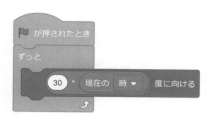

①

②

③

④

練習問題略解

第 1 章

練習問題 1-1

Scratch はアメリカ MIT のミッチェル・レズニック氏によって開発されました。

練習問題 1-2

スプライトと呼びます。スプライトがキャラクターを意味し、キャラクターが複数の画像（コスチューム）を持てるようになっています。このしくみのためにスプライトを上下左右に動かしたり、アニメーションさせたりすることができます。

練習問題 1-3

プログラムの一部を他のプロジェクトにコピーするときに使います。複数のプロジェクトで似たような処理をしたいときに便利です。

第 2 章

練習問題 2-1

アカウント名は誰からも見られてしまうものなので、本名を使ったり自分のものだとすぐ推測されるような名前にしないよう気をつけましょう。

練習問題 2-2

Scratch（3.0）のプロジェクトファイルを保存すると .sb3 という拡張子がつきます。現在の

Scratch はバージョン 3 なので、そのバイナリーファイル（コンピュータにしか読めないファイル）という意味です。

練習問題 2-3

人が作った作品を元に新しく作品を作ることをリミックスと呼びます。リミックスというのは、もともと音楽の分野で既存の曲を新たな形やスタイルに再構築することを意味します。

第 3 章

練習問題 3-1

100% が元の大きさなので、その倍は 200% になります。

練習問題 3-2

ベクターで作ると、スプライトを拡大縮小しても画像が粗くならないという利点があります。また、部品に分けて作ることができるので、手だけを動かすなどのアニメーションを作りやすくなっています。

練習問題 3-3

このプログラムを実行すると Bossa Nova の音楽が重なってたくさん聞こえます。「終わるまで〜の音を鳴らす」ブロックと違って、「〜の音を鳴らす」ブロックはすぐ次の繰り返しが実行されるので、このコードでは Bossa Nova の音楽が終わらないうちに次の Bossa Nova の再生が始まって、それがずっと繰り返されることになります。

第 4 章

練習問題 4-1

このプログラムを実行するとスプライトは右向きに 90 度回転します。その後「歩く」を実行した場合は現在の向きに動くので進む方向が変わります。しかしこのコードでは X 座標の方向に動くだけなので、向きには関係しません。X 座標の数値が大きくなると右に動きますから、マイナスの場合は逆に左に動いて行きます。

Scratchのステージは横（X座標）が480、縦（Y座標）が360です。コンピュータの画面は「ドット」（またはピクセル）で大きさを数えるのが一般的なので、もともとScratchのステージは480ドット、360ドットという言い方をしていました。しかし、全画面表示に切り替えると拡大されてしまいますし、現在はコンピュータの画面が高解像度化したため必ずしも画面のドットと対応しているわけではありませんので、横・縦という言い方をしています。

練習問題 4-3

たとえば「x座標を100ずつ変える」と「y座標を100ずつ変える」を組み合わせると、右斜め上には行きますがゆっくりは動きません。以下のように繰り返すを使って少しずつ動かすとゆっくり斜めに進んでいるように見えます。

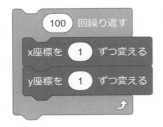

第5章

練習問題 5-1

「すべてのスプライト用」の変数はどのスプライトからも見られて使いやすいですが、変数が増えてくると、どのスプライトに使っているものなのかわからなくなってくることがデメリットです。

練習問題 5-2

変数「トータル」に変数「番号」を5回足すプログラムです。「番号」は最初は1ですが、1ずつ増えるので、1から5まで足すことになります。そのため変数「トータル」は15になります。

練習問題 5-3

このプログラムでは、最初にリスト2を空にしてから、リスト1の要素を1番目から順番にリスト2に挿入していきます。このとき、1番目に挿入しているのがポイントです。毎回1番目に挿入しているので、どんどん上に積み重ねる形になり、リスト2はリスト1と逆順の中身になります。

第6章

練習問題 6-1

「ずっと」を使った場合は、端に触れた条件のときにスクリプトを止める必要がありますので以下のようになります。

練習問題 6-2

「旗が押されたとき」のブロックが複数ありますが、これらは旗が押されたとき同時に動きますので、スプライトの座標が (0,0) の位置から (100,100) の位置に移動しながら大きさが徐々に大きくなります。

練習問題 6-3

「1989 年から 2018 年まで」という条件は、**1988 よりも変数「年」のほうが大きく、かつ変数「年」よりも 2019 のほうが大きい**と言い換えられますので、以下のようなプログラムになります。「もし」のブロックの中に「もし」を重ねるなどこれ以外にもいろいろな書き方があります。

第7章

練習問題 7-1

「画面を再描画せずに実行する」をチェックすると、ブロック定義で定義されたプログラムが動い

ている最中はスプライトの動きなどが画面に反映されず、一瞬でプログラムが実行し終了します。

練習問題 7-2

　スタンプはスプライトを絵として画面に貼り付けるだけなのでプログラムで動かせませんが、クローンはスプライトの複製を作るのでプログラムで動作させることができます。

練習問題 7-3

　360 度を 12 回角度を変えて動いて一周しますので十二角形が描かれます。

サンプル問題略解

Scratch の基本知識に関する問題

1．①

　ターボモードにするとスプライトが速く動くようになります。模様を描くような時間のかかるプログラムを実行するときに役に立ちます。

2．②

　「～へ行く」では、ランダムな位置、マウスのポインターかほかのスプライトの位置に移動させることができます。

3．①

　最後のコスチュームの次は最初のコスチュームに戻るので、「次のコスチュームにする」を繰り返すとコスチュームが変わり続けるため、アニメーションのように見えます。

4．②

　パンの効果は、音がどこから聞こえるかを決めます。0 で左端、100 で右端になります。

5．④

　エンターキーは「～キーが押されたとき」では選択できません。他、シフトキーなどの特殊キーも選択できません。

6．③

　自分自身が属するプログラムが止まってしまった場合は下に連鎖しないので、3 が正解になります。

7．③

　全画面表示にしたときスプライトは基本的にドラッグできません。ドラッグさせたいときは「ドラッグできるようにする」ブロックを用います。

8．③

　14 を 4 で割ると 3 余り 2 になります。

9．③

　クラウド変数はリストには適用できません。

10．④

　ブロック定義を作るときには「ターボモード」は選べませんが、同様の機能として「画面を再描画せずに実行する」は選べます。

11. ③

　どのスプライトにも Pop の音は設定されていますが、いくつかのスプライトには独自の音が設定されています。たとえば Scratch キャットには「ニャー」の鳴き声が設定されていたり、楽器のスプライトにはその楽器の音が設定されています。

12. ①

　wav ファイルは音声ファイルなのでコスチュームとして読み込むことはできません。

■ 第2問　ネットリテラシーに関する問題

1. ④

　他の人の作品をリミックスすると、まったく独立した作品として作ることができますが、どの作品から作ったか、またどんな人が自分の作品をリミックスしているかは見ることができます。

2. ①

　アカウント登録をするとバックパックを使うことができ、プログラムを他のプロジェクトにコピーするのが簡単になります。

3. ①

　アカウント登録のとき、性別は「選択しない」を選ぶことができます。

4. ④

　sb3 というファイル拡張子になります。3 は Scratch のバージョンを表す数字です。

5. ③

　スタジオを使うと気に入った作品をまとめておいて、あとから参照したり人に見せたりすることができます。

■ 第3問　プログラミング（文法・アルゴリズム）に関する問題

1. ②

　実物のペンと同じように、「ペンを下ろす」を実行したときにペンが紙について線が引けるようになります。なのでペンを下ろしてからスプライトを移動させる必要があります。

2. ③

　「90 度に向ける」は画面の 90 度の方向、つまり右側にスプライトを向ける命令です。そのまま進むので画面の右に進むことになります。「90 度回す」との違いに注意してください。

3. ③

　まず、ネコは背景が海岸のときも山のときもつねに表示されなければならないので 1 は間違いです。また、2 は「緑の旗が押されたとき」に動くプログラムなので、背景が変わったときに切り替えがなされません。また、4 はずっと背景が切り替わってしまいます。そのため 3 が正解になります。

4. ③

　現在の x 座標が 100 だとして、左向き矢印キーが押されると、100-10 で 90 だけ右に動くことになります。次に、現在の x 座標が -100 だと -100-10 で -110 だけ右に、つまり左に 110 動くことになります。このように 3 は現在の x 座標によって動きが変わってきてしまいます。

5．②

　「5 回繰り返す」の内側では、「y 座標を 10 ずつ変える」を 6 回繰り返して上に上がり、次は「y 座標を -10 ずつ変える」を 6 回繰り返して下に下ります。これが 5 回繰り返されるので、ジャンプを 5 回しているように見えます。

6．④

　動画を見ると、端につくまでスプライトは上昇しています。上向きなので、y 座標は増える必要があります。また、スプライトがクリックされたときにプログラムが動きますので、4 が正解です。

7．①

　このプログラムでは、弾に当たるとスコアが 10 ずつ増えます。スコアが 50 を超えたらすべてが止まります。なので解答は 1 になります。

8．④

　選択肢を見ていくと、4 だけ「180 度回す」が「ずっと」のすぐ下にあります。そのためずっと 180 度回転している状態になってしまいます。1、2 のように「緑の旗が押されたとき」は複数に分かれていても同時に動作します。

9．③

　「終わるまで〜の音を鳴らす」ブロックは、最後まで音を鳴らしてから次のブロックが実行されるので、「〜の音を鳴らす」ブロックと違って実行に時間がかかります。そこで 1 か 3 のどちらかですが、3 のほうがたくさん進むので速く右端に到達します。

10．①

　splash cymbal の音が鳴り終わってからメッセージ「シンバル 1」が送られ、Low Tom が鳴ります。なので 4 はまず違っています。Low Tom が終わるのを待ってから次に進むので、「シンバル 1」は「シンバル 1 を送って待つ」で送ります。また、roll cymbal と High Tom は同時に鳴らなければならないので、メッセージ「シンバル 2」を送ると同時に次の処理に行かなければなりません。そこで「シンバル 2」は「シンバル 2 を送る」で送るようにします。

11．③

　変更後は「ずっと」の下にある「プレイヤーへ行く」が動き続けるので、ボールはプレイヤーに戻り続け、ほとんど動かなくなります。

12．①

　姿を隠して x 座標 -100、y 座標 100 の位置に移動したオリジナルのスプライトは、下の図の番号順に動きながらクローンを作っていきます。

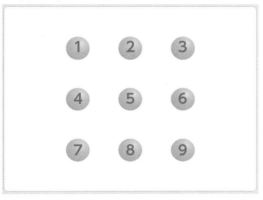

プログラムの動きを文章で整理すると以下のようになります。

<最初>
姿を隠して x 座標 -100、y 座標 100 の位置に移動

<以下を３回繰り返す>
空欄のブロック
「クローンして右に 100 移動」を３回繰り返す
下に 100 移動

　これを見てわかるのは、右に 100 移動を３回繰り返すので、下にずれたときに右に 300 移動してしまっているということです。

　③の位置（実際には③の右 100 の位置）から④の位置に移動するとき、下に 100 移動するだけでなく、左に戻る必要があります。そのため、空白には１の「x 座標を -100 にする」が入ります。

13. ③

　ネコがゴールに到達するとすべて止まりますが、ふたたび緑の旗を押せば最初から始めることができます。そのため１は間違いです。

　ネコが壁にぶつかってもどるのは「このスプライトが押されたとき」の動作なので緑の旗は関係ありません。そのため２は間違いです。

　全画面表示でないエディター画面ではネコをドラッグしてそのままゴールまで持っていくことができてしまいます。３が正解です。

　また、マウスの位置で動作するプログラムがないので４は間違いです。

14. ②

　Scratch のプログラムは同時に動作しますが、厳密に言うと一つひとつのブロックが順番に動作します。このプログラムでは、ネコ A が右に進むのとネコ B が左に進むのは同時に起こるように見えますが、実際には両者の一つひとつのブロックが順に実行されています。たとえばネコ A のブロック、「もしネコ B に触れたなら」が最初に動いた場合、そこでネコ A は隠れてしまうので、ネコ B のブロック「もし A に触れたなら」は発動しません。なので、どちらか片方だけが消えるのが正解です。

15. ③

　クローンされたときに色の効果が 25 ずつ変えられますが、同じオリジナルのスプライトに対して 25 変わるので、毎回同じ色になることに注意してください。また、y 座標が -3 ずつ変わるので、ボールは下に降りていきます。

16. ④

　時間だけでなく分を考慮に入れるためには、時間と分を同じ単位にして計算すると簡単です。①は、時間単位に統一しているので、分は 60 で割って時間に足しています。時間は１時間が 30 度に対応しますから、時間に 30 をかけて角度を出しています。

　逆に③は分単位に統一しています。時間に 60 をかけて分に足しています。分は 60 分が 30 度

になるので、分を2で割って（60 ÷ 30）角度を出しています。

　②は、時間の角度と分の角度をそれぞれ計算してあとから足すというやり方です。

　④は、単位の違う時間と分をそのまま足しているので間違いです。

Index

書籍の正誤についてのお問合わせ

　万一誤りと疑われる箇所がございましたら、以下の方法にてご確認いただきますよう、お願いいたします。

　なお、正誤のお問合わせ以外の書籍内容に関する解説・受験指導は、**一切行っておりません**。そのようなお問合わせにつきましては、お答えいたしかねますので、あらかじめご了承ください。

□正誤表の確認方法

　TAC出版書籍販売サイト「Cyber Book Store」のトップページ内「正誤表」コーナーにて、正誤表をご確認ください。

　URL:https://bookstore.tac-school.co.jp/

□正誤のお問合わせ方法

　正誤表がない場合、あるいは該当箇所が掲載されていない場合は、書名、発行年月日、お客様のお名前、ご連絡先を明記の上、下記の方法でお問合わせください。

　なお、回答までに1週間前後を要する場合もございます。あらかじめご了承ください。

・e-mailにて問合わせる　syuppan-h@tac-school.co.jp

　お電話でのお問合わせは、お受けできません。

にっしょう　　　　　　　　　　　けんていエントリー
日商プログラミング検定ENTRY
こうしき
公式ガイドブック

2024年5月20日　初　版　第1刷発行

編 著 者	日 本 商 工 会 議 所	
	プログラミング検定研究会	
発 行 者	多 田 敏 男	
発 行 所	TAC株式会社　出版事業部	
	（TAC出版）	

〒101-8383
東京都千代田区神田三崎町3-2-18
電 話 03（5276）9492（営業）
FAX 03（5276）9674
https://shuppan.tac-school.co.jp

印　　刷	株式会社　ワ　コ　ー	
製　　本	東 京 美 術 紙 工 協 業 組 合	

© JCCI 2024　　　Printed in Japan　　　ISBN 978-4-300-11177-2
N.D.C. 007